우리의 존재방식

우리의 존재방식

초판 1쇄 발행 2022년 06월 17일

지은이 백우인
사 진 전종철
펴낸이 서순범
디자인 서하영
표 지 최영미

펴낸곳 ㈜ 도서출판 늘영
출판등록 2021년 01월 26일 제 787-93-01452
주소 수원시 장안구 상률로 12번길 8 301동 1605호
전화 010-9280-0591
팩스 031-271-2245
이메일 dasidsb@hotmail.com

ⓒ 서순범, 2022, printed in Seoul, Korea

ISBN 979-11-975976-2-6

값 18,000원

* 저자와의 협의에 의해 인지를 생략합니다.
* 잘못된 책은 바꾸어 드립니다.
* 이 책의 판권은 지은이와 사진작가, 그리고 도서출판 늘영에 있습니다.
* 양측의 서면 동의 없는 무단 전재 및 복제를 금합니다.
* 책값은 뒤표지에 있습니다.
* 이 책 내용의 전부 또는 일부를 재사용하려면 반드시 저작권자와 지은이 그리고 사진작가 모두의 동의를 받아야 합니다.

우리의 존재방식

백우인 저
전종철 사진

추천사

_이상미 / 섬유예술 작가, 전시 기획자

백우인 작가의 단상들이 그려내는 무늬는 달달하고 아프다. 언어로 직조한 그의 섬유는 온갖 색의 실과 천이 자유롭게 연결되어 있으며, 날카로운 철학적 언어의 바늘 촉과 문학적 숨결의 솜뭉치가 절묘하게 그 천을 감싸고 있다. 그의 작품들은 읽는 내내 시각적인 이미지가 느껴졌고, 그 사유의 결이 촉각적으로 다가왔다. 작가 특유의 표현력과 언어의 유희는 시와 철학직 단상을 버무린 미학적인 고백이라는 생각이 든다.

작가는 존재의 방식을 17개의 꼭지로 이야기하고 있다. 그 속에는 '그대'와 '나'의 존재 방식들이 담겨 있다. 실존적이고도 체험적이다. 그녀는 우리들이 맺는 인연의 매듭과 그 흐름을 깊이 통찰한다. 우리는 사랑을 잃어버리거나 슬그머니 놓아 버리는 경험을 하며 살아왔다. 그녀의 글을 읽다 보면 그렇게 관계를 향한 기대와 인연, 아니 그대라는 '사람'을 놓아 버리는 나를 인지하게 한다. 그리고 어느 순간 신기하게도 사랑에 대한 강한 믿음이 몰려오는 것을 느끼게 된다. 삶의 불협화음이라도 결국 '그대'와 '나'의 인연은 아름답다고 말하고 있기 때문이다.

작가는 생경한 언어들을 수집하고 아름답고 적절하게 배열했다. 특히 자신의 생각이 흐르는 대로 관조하면서 동시에 어떤 순간들을 예리하게 포착해 낸다. '푼크툼의 순간'을 놓치지 않는다. 예상하지 못하는 방식으로 화살처럼 다가와 우리의 존재 깊숙이 박혀 버리는 푼크툼 punctum을 붙잡아 노래한다. 그러한 미지의 순간들을 모아 달달하고 아픈 사랑의 두레박을 채웠다.

작가가 사용하는 철학적 언어들은 통속적이지 않다. 작가의 사유 감각과 예민한 정서를 거쳐 전혀 다른 이미지를 던져 준다.

이 책을 읽으며 나는 나를 허그했다. 이 책 속에 담긴 모든 언어들을 포옹했다. 마찬가지로 이 책에 그려진 글들은 이 단상들을 읽는 독자의 가장 순수한 감정을 포옹하며 낯설고도 다정한 울림을 줄 것이다. 백우인 작가가 자신의 존재 전부를 던져 '삶'을 허그하고 있기 때문이다.

_장효진 / 다중지성의 광장 편집장

<철학_ 한편의 詩가 되다!>
이성이 멈추는 어느 순간! punctum! 철학은 詩가 된다. 이리저리 꼬인 철학의 엉킨 실타래! 백우인 선생은 이를 詩로써 멋지게 풀어낸다. 말끔하게 변모한 철학의 낯선 모습에 당황하는 순간도 잠시, 이내 저자의 철학 단편들을 따라가노라면 본연의 철학이 노래하고자 했던 세상의 존재를 사랑하며 살아가는 방식 그 자체에 다다른다.

무심하게 스치는 것들, 우리가 무연한 눈으로 스치던 철학을 우리의 삶의 자리 한켠으로 고스란히 가져온 저자의 글은 철학을 사랑하는 이들에게 더욱 반가운 소식이다. 우리가 사랑하는 철학의 구절들을 그저 詩를 외듯 감상하던, 차갑기만 했던 철학의 온기마저 느낄 수 있을 것이니 말이다. 어쩌면 우리 시대가 철학에 요구하는 것이 바로 이러한 온기인지도 모른다. 그러하기에 차가운 이성의 가르침이 아닌 철학의 따스한 온기를 담은 이 책은 우리에게 그만큼 의미있는 작품이라 할 만하다.

_이립 / 한국능률협회컨설팅 최고 고객 책임자

<이 책은 삶에 생기를 불어넣어 줄 것이다.>

백우인 작가가 우리의 존재방식을 논한다. 아마도 작가는 존재라는 개념이 우리라는 개념과 만나고 그때부터 규정된다고 주장하는 것 같다. 우리라는 관계는 나와 타자로, 푼크툼의 사랑을 이야기한다. 백우인은 작가로서, 시인으로서, 쉐프로서, 성직자로서 사랑의 경험을 스투디움이 아닌 푼크툼으로 담백하게 풀어내고 있다. 모든 것을 푼크품의 방식으로 사랑하는 것, 백우인과 나 우리는 서로에게 푼크툼이다.

이 에세이는 여러분의 삶에 생기를 불어넣어줄 것임과, 삶의 의미를 만들어줄 것임을 의심하지 않는다. 그리고 마침내 우리라는 존재가 어떤 것인지 인식되어질 것이라 확신한다.

_정우식 / 사단법인 전북청소년교육문화원 이사장

<청소년들에게 꼭 추천하고 싶은 책이다.>
창의력의 토대는 감수성이고, 감수성은 사고 습관과 방식이 결정한다. 이 책은 창의력과 감수성을 기르는 데 필요한 사고 습관과 방식을 날것 그대로 담고 있어 청소년들에게 유용하다. 과학적 사고와 철학적 사유가 만나고 또 그것들이 문학적 상상력이 빚은 좋은 문장들과 결합될 때 절묘하고도 새로운 통섭의 결과물이 만들어지는 법이다.
과학자이고 시인이며, 신학자이고 철학자인 저자의 창조적 생산력이 가장 꿈틀대고 샘솟는 시기에 길어 올린, 자연과학과 인문학이 거침없이 만나 얽섞이는 글들, 생명과 우주와 사람의 이야기가 넘실대는 문장들...
놓치지 않기 바란다.

Contents

추천사 _ 5

서문 _ 12

첫 번째 [사랑을 말하는 그대와 나는 미끄러진다]
15 / 자크 라캉(Jacques Lacan)의 사랑학

두 번째 [그대와 나는 푼크툼 punctum이다]
33 / 롤랑 바르트 (Roland Barthes)의 존재론

세 번째 [그대와 나는 기호다]
55 / 페르디낭 드 소쉬르(Ferdinand de Saussure)의 기호학

네 번째 [그대와 나는 순간 Augenblick이다]
71 / 마르틴 하이데거(Martin Heidegger)의 시간성

다섯 번째 [그대와 나는 우리다]
89 / 알베르 카뮈(Albert Camus)의 타자성

여섯 번째 [그대와 나는 모호한 경계에 서 있다]
111 / 레오나르도 다 빈치(Leonardo da Vinci)의 스푸마토 경계학

일곱 번째 [그대와 나는 정오의 유령, 멜랑꼴리아를 만난다]
125 / 발터 벤야민(Walter Benjamin)의 멜랑꼴리

여덟 번째 [그대와 나는 데칼코마니다]
139 / 롤랑 바르트(Roland Barthes)의 사랑학

아홉 번째 [그대와 나는 시선의 에로티시즘에 있다]
/ 모리스 메를로 퐁티(Maurice Merleau-Ponty)의 현상학 159

열 번째 [그대와 나는 문지방 threshold에 있다]
/ 프리드리히 니체(Friedrich Nietzsche)의 존재론 173

열한 번째 [그대와 나는 빛 우물에 있다]
/ 지그문트 프로이트(Sigmund Freud)의 결핍 193

열두 번째 [그대와 나는 고부라져 돌아가는 길을 간다]
/ 콘트라포스토(Contraposto)적 존재론 213

열세 번째 [그대와 나는 '있음'(일리야 il y a)이다]
/ 에마뉘엘 레비나스(Emmanuel Levinas)의 일리야 225

열네 번째 [그대와 나는 주이상스다]
/ 에마뉘엘 레비나스(Emmanuel Levinas)의 주이상스 239

열다섯 번째 [그대와 나는 판단중지 epoche에 있다]
/ 에드문트 후설(Edmund Husserl)의 판단중지 253

열여섯 번째 [그대와 나는 마음의 허그를 한다]
/ 미하일 바흐친(Mikhail Bakhtin)의 대화 267

열일곱 번째 [그대와 나는 편파적이다]
/ 발터 벤야민(Walter Benjamin)의 사랑학 283

에필로그 _ 301
서평 _ 303

서문

우리의 존재방식은 관계와 관계 맺음의 태도에 관한 이야기다. '우리'는 나와 너, 나와 사물, 나와 세상과의 관계를 넘어서 나와 '너'들의 관계의 총화이다.

관계, 그것은 태초부터 존재했고 그대와 나는 만남이라는 이름으로 관계를 이룬다. 만남의 순간은 무엇인가가 일어나는 숨 막히는 긴장이다. 그 순간은 미풍같기도 하고 때로는 격투처럼 강렬하게 스치고 침투하여 스미고 물들인다.

나와 그대, 우리는 고흐의 그림 속 반짝이는 노란 별빛과 파란 하늘빛의 하모니이면서 강렬한 질감으로 휘감아오는 광휘처럼 존재한다.

우리의 존재방식, 그것의 이름은 안이면서 겉인 뫼비우스의 띠. 그대와 나, 우리의 존재방식은 거울 앞에 선 '나'와 거울 속에 보이는 '나'이다. 그리하여 그대와 나는 서로에게 거울뉴런이다.

<거울뉴런>

백우인

고라니 눈으로 우두커니 서있는
너를 보았어
물러져서 흐물거리는 눈
엉킨 실타래 눈
노루보다 사슴보다
움푹 깊게 내려앉은 눈
황망한 두려움이 서린 눈
내 우주에는
가로등 아래 사선으로 내리꽂는 바늘 비가
종일 내리는 날이었어
네 우주에는
서쪽 하늘이 별들같이 영롱한 눈물을 떨구고 있었지
가난하고 순박해서 애처로운 꽃씨 하나
또르륵
또르륵
마주 선 네 눈 속에 들어앉은
나를 보았어

물러져서 흐물거리는 눈
엉킨 실타래 눈
노루보다 사슴보다
움푹 깊게 내려 앉은 눈
너를 안아주는
그렁그렁한
고라니 눈

백우인/ 쉼없이 네가 희망이면 좋겠습니다 / 휴먼앤북스 p92

우리의 존재방식 _ 첫 번째

사랑을 말하는 그때와 나는 미끄러진다

지나가는 바람이 달다.

전종철 작, '천상의 메세지' 250A4458

우리의 존재방식

잘잘하게 흔들어대는 나뭇잎이
온통 웃음빛이고
지나가는 걸음들에게까지 물든다.
만일 떠오르는 민들레 닮은 얼굴 하나에
우주 하나가 불이 켜진 듯
마음이 화안해진다면
사랑하고 있는 중이 아닐까?

사소한 말 한 마디가 문득문득 살아나고
커피를 한 모금 마신 후에 지그시 눈 감은
그대의 모습이 떠올라
귓불이 달아오르는 것,
그것은 사랑의 징후다.

첫 번째 [사랑을 말하는 그대와 나는 미끄러진다]
/ 자크 라캉 Jacques Lacan의 사랑학

플라톤의 「향연」은
사랑에 관해 돌아가면서 이야기한다.
여러 사랑 중에 짝사랑이란
사랑하는 이의 영혼이
사랑받는 이의 영혼 속에서
죽는 것이라고 한다.

사랑은
가슴에 뿌려진 씨앗 같아서
피어나기도 하겠으나
곧 지기도 할 것이다.
그러나
피어나지도 못하고 져버리는 것이 있으니
바로 짝사랑이리라.

우리의 존재방식

비껴간 사랑이면서
지속되고 있는 사랑이 스친다.
이 사랑은 대체로 놓쳐버린 사랑이어서
첫눈만큼이나 기다림 속에 설레며
죽는 날까지 영혼에 침전된 첫사랑이다.

여러 사랑 중에 짝사랑이란
사랑하는 이의 영혼이
사랑받는 이의 영혼 속에서
죽는 것이라고 한다.

전종철 작, '천상의 메세지' 250A1974

우리의 존재방식

사랑은 왜 이루어지지 않고
어긋나고 멀어지고 희미해지는 것일까?
오해만 가득 남긴 채
왜 마침표를 향해 가는 것일까?

첫 번째 [사랑을 말하는 그대와 나는 미끄러진다]
/ 자크 라캉 Jacques Lacan의 사랑학

그대와 나는 혹시 '사랑'을

막연한 감정을 붙잡아
거기에 이름 붙여준 것은 아닌지
키타이론 산에서 에코가 묻는다.
거센 파도가 밀려오는 듯한 정념을,
익숙하게 보아 온 표정을,
경험으로 알고 있는 제스처들을
우린 의심히지 않고
사랑이라고 말해버린 것은 아닌지
화살을 든 에로스가 묻는다.

우리의 존재방식

그대와 나는
일반화된 사랑의 속성들에
속고 있는 것은 아닌지
진리의 여신 팔라스 아테나가 묻는다.

사랑한다고 말할 때
우리는 제대로
'사랑'을 말하고 있는 걸까?
어떻게, 얼마나, 왜 사랑하는지를
상대가 원하는 모양과 방식으로,
크기와 깊이로 표현할 수 있을까?

첫 번째 [사랑을 말하는 그대와 나는 미끄러진다]
/ 자크 라캉 Jacques Lacan의 사랑학

우린
체험해서 알고 있는 것이 아니라
체험하고 싶은 낱말로 '사랑'을 수집하면서
그것이 사랑이라고 말하기도 할 것이다.

'사랑'을 말하는 순간
그 '사랑'은 미끄러져 버리고
이곳에 이미 있던 그 '사랑'은
서곳에서 다시 사랑을 말하라고 손짓한다는
라캉의 귓속말이 들린다.

우리의 존재방식

말해진 사랑은
손가락 사이로 빠져나가버린
모래알 같은 사랑이며 놓쳐버린 사랑이다.
사랑의 감정이란
아무도 볼 수 없고
오직 나만이 발견한 당신의 매력,
즉 아갈마agalma를 맞닥뜨린 순간이다.
그러나
그 사랑을 말하려 할 때
말해진 사랑은 달을 가리키는 손가락이다.
사랑은 말 속에서
제대로 전해지지 못한 채 미끄러질 뿐이다.

첫 번째 [사랑을 말하는 그대와 나는 미끄러진다]
/ 자크 라캉 Jacques Lacan의 사랑학

그렇다면 우린
사랑에 대해
한 번도 말하지 않은 것을 말하고,
한 번도 생각해보지 못한 것을
표현해야 하지 않을까?

이런 사랑의 말은 어떨까?
"나는 네가 국화보다 단풍보다 좋아.
내가 제일 좋아하는 노을보다도 더 좋아."

우리의 존재방식

그대와 나만의
독특하고 유일한 사랑을
발견하고 발명하기 위해서,
그를 혹은 그녀를 더욱 뜨거운 심장 속에,
더욱 깊은 눈망울 속에 담아야 하지 않을까?

첫 번째 [사랑을 말하는 그대와 나는 미끄러진다]
/ 자크 라캉 Jacques Lacan의 사랑학

포도원의 젊음 속에서

사랑의 말을 나누는 우리,

사랑이 미끄러진다.

그대와 나의 말은 미끄러지는 중이다.

우리의 존재방식

전종철 작, '천상의 메세지' 250A1568

1 / 사랑을 말하는 그대와 나는 미끄러진다.

지나가는 바람이 달다.

잘잘하게 흔들어대는 나뭇잎이 온통 웃음빛이고 지나가는 걸음들에게까지 물든다. 만일 떠오르는 민들레 닮은 얼굴 하나에 우주 하나가 불이 켜진 듯 마음이 화안해진다면 사랑하고 있는 중이 아닐까? 사소한 말 한 마디가 문득문득 살아나고 커피를 한 모금 마신 후에 지그시 눈 감은 그대의 모습이 떠올라 귓불이 달아오르는 것, 그것은 사랑의 징후다.

플라톤의 「향연」은 사랑에 관해 돌아가면서 이야기한다. 여러 사랑 중에 짝사랑이란 사랑하는 이의 영혼이 사랑받는 이의 영혼 속에서 죽는 것이라고 한다. 사랑은 가슴에 뿌려진 씨앗 같아서 피어나기도 하겠으나 곧 지기도 할 것이다. 그러나 피어나지도 못하고 져버리는 것이 있으니 바로 짝사랑이리라. 비껴간 사랑이면서 지속되고 있는 사랑이 스친다. 이 사랑은 대체로 놓쳐버린 사랑이어서 첫눈만큼이나 기다림 속에 설레며 죽는 날까지 영혼에 침전된 첫사랑이다.

사랑은 왜 이루어지지 않고 어긋나고 멀어지고 희미해지는 것일까? 오해만 가득 남긴 채 왜 마침표를 향해 가는 것일까? 그대와 나는 혹시 '사랑'을 막연한 감정을 붙잡아 거기에 이름 붙여준 것은 아닌지 키타이론 산에서 에코가 묻는다. 거센 파도가 밀려오는 듯한 정념을, 익숙하게 보아 온 표정을, 경험으로 알고 있는 제스처들을 우린 의심하지 않고 사랑이라고 말해버린 것은 아닌지 화살을 든 에로스가 묻는다. 그대와 나는 일반화된 사랑의 속성들에 속고 있는 것은 아닌지 진리의 여신 팔라스 아테나가 묻는다.

사랑한다고 말할 때 우리는 제대로 '사랑'을 말하고 있는 걸까? 어떻게, 얼마나, 왜 사랑하는지를 상대가 원하는 모양과 방식으로, 크기와 깊이로 표현할 수 있을까? 우린 체험해서 알고 있는 것이 아니라 체험하고 싶은 낱말로 '사랑'을 수집하면서 그것이 사랑이라고 말하기도 할 것이다. '사랑'을 말하는 순간 그 '사랑'은 미끄러져 버리고 이곳에 이미 있던 그 '사랑'은 저곳에서 다시 사랑을 말하라고 손짓한다는 라캉의 귓속말이 들린다.

말해진 사랑은 손가락 사이로 빠져나가버린 모래알 같은 사랑이며 놓쳐버린 사랑이다. 사랑의 감정이란 아무도 볼 수 없고 오직 나만이 발견한 당신의 매력, 즉 아갈마agalma를 맞닥뜨린 순간이다. 그러나 그 사랑을 말하려 할 때 말해진 사랑은 달을 가리키는 손가락이다. 사랑은 말 속에서 제대로 전해지지 못한 채 미끄러질 뿐이다. 그렇다면 우린 사랑에 대해 한 번도 말하지 않은 것을 말하고, 한 번도 생각해보지 못한 것을 표현해야 하지 않을까?

이런 사랑의 말은 어떨까? "나는 네가 국화보다 단풍보다 좋아. 내가 제일 좋아하는 노을보다도 더 좋아." 그대와 나만의 독특하고 유일한 사랑을 발견하고 발명하기 위해서, 그를 혹은 그녀를 더욱 뜨거운 심장 속에, 더욱 깊은 눈망울 속에 담아야 하지 않을까? 포도원의 젊음 속에서 사랑의 말을 나누는 우리, 사랑이 미끄러진다.

그대와 나의 말은 미끄러지는 중이다.

우리의 존재방식 - 두 번째

그때와 나는 푼크툼 punctum 이다

우리의 존재방식

무심하게 스치는 것들,
우리가 무연한 눈으로 스치는 사물은
'이것'이다.

두 번째 [그대와 나는 푼크툼 punctum이다]
/ 롤랑 바르트 Roland Barthes의 존재론

지각되기 전의 사물이기에
헤겔은
단지 즉자존재인 '이것'이라고 말한다.
내 의식 안으로 들어올 때에라야
비로소 대자존재가 되며
내 눈앞의 타자가 된다.
들뢰즈에게는
사물과 '마주침'을 통해 타자가 되고
사르트르에게는
나를 응시하는 대상의 눈쯤에
타자가 있겠다.

들뢰즈에게는
사물과 '마주침'을 통해 타자가 되고

우리의 존재방식

이런 타자들은
롤랑 바르트에게 있어서
스투디움에 다름 아니다.
그러니까 숲길 사진을 보고
맛있는 독일 음식 사진을 보면서
대부분의 사람들과
그럭저럭 비슷하게 받아들이는 것 말이다.
걷고 싶은 산책길,
어디에 있는 음식점인지,
한 번쯤 가보고 싶다, 먹어보고 싶다 등의
나른한 욕망과
잡다한 흥미를 느끼게 하는 것들.

두 번째 [그대와 나는 푼크툼 punctum이다]
/ 롤랑 바르트 Roland Barthes의 존재론

이는 분별없는 취향에서
밋밋하게 부유하는
길들여진 느낌과 감정을 일으키는
사진과 같다.
이런 타자는 우리의 마음이
오목하지도 볼록하지도 않아서
감각의 온도가 냉랭하다.
냉기가 강렬함을 삼킨 시선은
헐벗고 생기가 없다.

우리의 존재방식

그러나,

사랑의 대상인 타자는 화살이다.

전종철 작, '천상의 메세지' 250A6207

두 번째 [그대와 나는 푼크툼 punctum이다]
/ 롤랑 바르트 Roland Barthes의 존재론

마치 나를 꿰뚫기 위해
활시위를 떠난 화살처럼
일방적이고 당당한 반면
그를 사랑하는 주체는 수없는 낙인이 새겨진다.

우리의 존재방식

사랑의 대상은
감각이 뇌까지 가기도 전에
심장에 작은 점으로 박혀,
심장을 찌르는 점이다.

두 번째 [그대와 나는 푼크툼 punctum이다]
/ 롤랑 바르트 Roland Barthes의 존재론

뇌에 구멍을 내어버릴 만큼
충격적인 것이어서
그 충격은 문명화로부터 퇴화시킨다.
언어가 가난해지는 것,
언어를 아무리 만들어 내어도
뭐라 말로 표현할 수 없어,

나는 그 사랑의 대상을
'푼크툼'punctum이라 부르고 싶다.

우리의 존재방식

사랑의 대상은 트라우마다.

다른 이들은 아무렇지도 않은데
유독 그 대상은 내게 패인 상처를 만들어
그곳으로 침입해서는
오래오래 상흔이 되어버리는 존재다.

두 번째 [그대와 나는 푼크툼 punctum이다]
/ 롤랑 바르트 Roland Barthes의 존재론

사랑의 대상은 주관적인 주이상스다.

그는
애매하고 모호하게 강렬한 기호를 방사한다.
그러기에 사랑의 대상이 갖는 코드는
해독할 수 없어 언제나 미끄러지고
더듬거리는 주체를 만든다.
새로운 문법을 만들어
의미를 전달하는 사랑의 대상은
난해한 코드 가운데에서
관능적인 향기와 쾌락인
주이상스로 끊임없이 다가온다.

우리의 존재방식

사랑의 대상은 온통 얼굴이다.

표현되고 읽히고 해석되고
이해되어야 하는 얼굴이 된다.
그의 모든 것들, 예컨대
눈빛, 입모양, 손의 움직임과 걸음걸이 등
모든 것들은
표정을 갖고 있고
의미를 드러내고 있기에
'얼굴'로 작동한다.

커져 있는 동공과 가늘게 주름진 눈가,
귀쪽으로 올라가 있는 입꼬리와
느릿느릿 걸음과 스칠 때마다
전율하는 손끝은
'사랑의 현재성'을 보여주는
'얼굴'인 것이다.

전종철 작, '천상의 메세지' 250A5519

우리의 존재방식

사랑의 대상은
시간과 공간의 주인공이다.
우리의 시간을
찰나처럼 지나가게도 하고
영원 속으로 이끌기도 하고
부재로 인해
천만 년처럼
긴긴 시간으로 만들어버리기도 한다.

그런가 하면
다시 태어나게 하고,
매번 현재의 나이보다 더 어려지게 한다.
어디를 가든
그곳은 그 대상이 이미 차지하고 있으며
누구를 만나도 그들과 공재한다.
특별한 시공간을 점령하는 독재자가
바로 사랑의 대상이다.

두 번째 [그대와 나는 푼크툼 punctum이다]
/ 롤랑 바르트 Roland Barthes의 존재론

사랑의 대상은 격렬한 섬광이다.

우리들의 심장을
수축하다 못해 사라져 버리게도 하고
팽창하다 못해 터져 버리게도 한다.
하루에도 몇 번씩
불안과 충족 사이에서
감정이 파도를 타게 한다.
어깨에 힘을 뺀 채
무방비 상태가 되게 만들고서는
이때다 싶게
섬광처럼 나의 시선을 붙잡는다.

우리의 존재방식

사랑의 대상은 치명적인 우연성이다.

그대는 푼크툼(punctum),
순간적으로 꽂혀버릴 만큼 강렬하다.
단번에
모든 감각세포들의 역치를
넘어서게 하는 강렬한 자극,
그 지점에서
끊임없이 전율케 하는 정신의 파계다.
그리하여
사랑하는 주체, 그대가
용해되다 못해
사라지고 싶게 만드는 존재다.

사랑하는 그대와 나, 우린
서로에게 푼크툼이다.

그대와 나는 푼크툼이다.

전종철 작, '천상의 메세지' 250A2761

2 / 그대와 나는 푼크툼 punctum이다.

무심하게 스치는 것들, 우리가 무연한 눈으로 스치는 사물은 '이것' 이다. 지각되기 전의 사물이기에 헤겔은 단지 즉자존재인 '이것'이라고 말한다. 내 의식 안으로 들어올 때에라야 비로소 대자존재가 되며 내 눈앞의 타자가 된다. 들뢰즈에게는 사물과 '마주침'을 통해 타자가 되고 사르트르에게는 나를 응시하는 대상의 눈쯤에 타자가 있겠다.

이런 타자들은 롤랑 바르트에게 있어서 스투디움에 다름 아니다. 그러니까 숲길 사진을 보고 맛있는 독일 음식 사진을 보면서 대부분의 사람들과 그럭저럭 비슷하게 받아들이는 것 말이다. 걷고 싶은 산책길, 어디에 있는 음식점인지, 한 번쯤 가보고 싶다, 먹어보고 싶다 등의 나른한 욕망과 잡다한 흥미를 느끼게 하는 것들.

이는 분별없는 취향에서 밋밋하게 부유하는 길들여진 느낌과 감정을 일으키는 사진과 같다. 이런 타자는 우리의 마음이 오목하지도 볼록하지도 않아서 감각의 온도가 냉랭하다. 냉기가 강렬함을 삼킨 시선은 헐벗고 생기가 없다.

그러나, 사랑의 대상인 타자는 화살이다. 마치 나를 꿰뚫기 위해 활시위를 떠난 화살처럼 일방적이고 당당한 반면 그를 사랑하는 주체는 수없이 낙인이 새겨진다. 사랑의 대상은 감각이 뇌까지 가기도 전에 심장에 작은 점으로 박혀, 심장을 찌르는 점이다.

뇌에 구멍을 내어버릴 만큼 충격적인 것이어서 그 충격은 문명화로부터 퇴화시킨다. 언어가 가난해지는 것, 언어를 아무리 만들어 내어도

뭐라 말로 표현할 수 없어, 나는 그 사랑의 대상을 '푼크툼'punctum
이라 부르고 싶다.

사랑의 대상은 트라우마다. 다른 이들은 아무렇지도 않은데 유독
그 대상은 내게 패인 상처를 만들어 그곳으로 침입해서는 오래오래 상
흔이 되어버리는 존재다.

사랑의 대상은 주관적인 주이상스다. 그는 애매하고 모호하게 강렬
한 기호를 방사한다. 그러기에 사랑의 대상이 갖는 코드는 해독할 수
없어 언제나 미끄러지고 더듬거리는 주체를 만든다. 새로운 문법을 만
들어 의미를 전달하는 사랑의 대상은 난해한 코드 가운데에서 관능적
인 향기와 쾌락인 주이상스로 끊임없이 다가온다.

사랑의 대상은 온통 얼굴이다. 표현되고 읽히고 해석되고 이해되어
야 하는 얼굴이 된다. 그의 모든 것들, 예컨대 눈빛, 입모양, 손의 움직
임과 걸음걸이 등 모든 것들은 표정을 갖고 있고 의미를 드러내고 있
기에 '얼굴'로 작동한다. 커져 있는 동공과 가늘게 주름진 눈가, 귀쪽
으로 올라가 있는 입꼬리와 느릿느릿 걸음과 스칠 때마다 전율하는 손
끝은 '사랑의 현재성'을 보여주는 '얼굴'인 것이다.

사랑의 대상은 시간과 공간의 주인공이다. 우리의 시간을 찰나처럼
지나가게도 하고 영원 속으로 이끌기도 하고 부재로 인해 천만 년처럼
긴긴 시간으로 만들어버리기도 한다. 그런가 하면 다시 태어나게 하고,
매번 현재의 나이보다 더 어려지게 한다. 어디를 가든 그곳은 그 대상
이 이미 차지하고 있으며 누구를 만나도 그들과 공재한다. 특별한 시
공간을 점령하는 독재자가 바로 사랑의 대상이다.

사랑의 대상은 격렬한 섬광이다. 우리들의 심장을 수축하다 못해 사라져 버리게도 하고 팽창하다 못해 터져 버리게도 한다. 하루에도 몇 번씩 불안과 충족 사이에서 감정이 파도를 타게 한다. 어깨에 힘을 뺀 채 무방비 상태가 되게 만들고서는 이때다 싶게 섬광처럼 나의 시선을 붙잡는다.

사랑의 대상은 치명적인 우연성이다. 그대는 푼크툼(punctum), 순간적으로 꽂혀버릴 만큼 강렬하다. 단번에 모든 감각세포들의 역치를 넘어서게 하는 강력한 자극, 그 지점에서 끊임없이 전율케 하는 정신의 파계다. 그리하여 사랑하는 주체, 그대가 용해되다 못해 사라지고 싶게 만드는 존재다.

사랑하는 그대와 나, 우린 서로에게 푼크툼이다.

그대와 나는 푼크툼이다.

우리의 존재방식 – 세 번째

그대와 나는 길다

전종철 작, '천상의 메세지' 250A7229

세 번째 [그대와 나는 기호다]
/ 페르디낭 드 소쉬르 Ferdinand de Saussure의 기호학

우리는 가끔 모순에 사로잡힌다.

누구보다 그대라는 사람을
잘 알고 있다고 여기지만
그러면서도 우리는
그 사람의 마음을 꿰뚫어 볼 수 없어
답답해한다.
그대의 보석 같은 마음을
찾아낼 수 없어 조바심이 나며
그대에게 끝내 다다를 수도 없다는
명백한 사실에 직면하게 된다.

우리의 존재방식

우리는 그대를 열어젖혀 그대의 근원,
마음의 껍데기를 뚫고
알맹이까지 거슬러 올라갈 수 없다.
그대라는 수수께끼를 풀어헤칠 수도 없다.
그대는 어디서 온 사람일까?
그대는 누구일까?

세 번째 [그대와 나는 기호다]
/ 페르디낭 드 소쉬르 Ferdinand de Saussure의 기호학

그대는 늦가을 속에서
노랗게 흘러내리는 낙엽비를 보면서
무엇을 생각할까?
내가 여우의 밀밭을 떠올릴 때
그대는 황금빛 노을을 떠올릴까?
아! 모르는 것 투성이다.
결국 모호함에 기진맥진한 우리는
그대를 부재한 기표로서만 만난다.
그대는
사방으로 퍼져나가며 여운을 남기는 기호다.

우리의 존재방식

그대는 신비한 기호다.

전종철 작, '천상의 메세지' 250A2218

우리의 존재방식

기호들로 가득 차 있는 그대는
늘 해석되기를 원하나
언제든지 그 해석은
불만족스럽고 전복되며 허망할 수 있다.

세 번째 [그대와 나는 기호다]
/ 페르디낭 드 소쉬르 Ferdinand de Saussure의 기호학

수없이 많은 언어와 문법을 사용한들
그대는 결코
읽어낼 수 있는 텍스트가 아니다.
그대는 마티에르matière,
차라리
눈보다는 촉각으로 읽혀지고 만져지고
코를 들이대게 만드는 기호다.

마티에르는 표면과 내면을 갖는다.
그것은 시각을 밀쳐내고
손끝으로 만져지는
촉각적인 감각을 앞세우게 한다.
말랑 몰랑 발랑처럼 발랄하고,
뾰족하고 단단하고 묵직하게 엣지 있다.
그대의 기호는 '임파스토'impasto!
촉각을 먼저 부르는 기호다.

우리의 존재방식

그대의 기호는 눈부시다.
눈이 부시다는 것은
볼 수도 말할 수도 없다는 것이다.
눈부신 그대가
수많은 인상을
우리 뇌리에 각인하러 달려들 때
우리는 덧칠하고 덧칠하는
고흐가 될 수밖에 없다.
그대의 부재한 기표는 차곡차곡 쌓여간다.

세 번째 [그대와 나는 기호다]
/ 페르디낭 드 소쉬르 Ferdinand de Saussure의 기호학

누군가를 안다는 것, 그것은
그의 욕망을
아는 것이라 말할 수 있을지도 모르겠다.
그러나 욕망의 속성은
부정확한 언표를 만드는 데 있지 않은가.
언어의 계속되는 실패는
언어의 펼쳐진 주름이다.
과녁의 정확함에는 비껴선 언어들만 꽂힌다.

우리의 존재방식

우리는
아무리 해도 그대를 잘 모르겠다고 말한다.
이 말은
그대 앞에서 우리가
어떻게 해석되고 있는지
정말 모르겠다는 말과 다르지 않다.

우리는 서로에게
애매하고 불투명한 기호로 서 있기에
우리의 기호는 난해한 퍼즐이다.
그대와 우리의 소통은
난해한 퍼즐맞추기인 기호작용 semiosis이다.

그러니 사랑할수록
서로를 더 잘 이해하게 된다는 말은
사실이 아니다.
이 사실을 빨리 깨달을수록
우리는 더 지혜로워진다.

세 번째 [그대와 나는 기호다]
/ 페르디낭 드 소쉬르 Ferdinand de Saussure의 기호학

그대는 미지의 기호다, 그것도 영원히.

우리는 누구라도 미지의 기호, 애매한 기호,
때로는
변덕스럽고 까다롭고 예민한 기호인 그대를
열광적으로 사랑한다고 인식한다.
이 사랑이야말로 참 사랑이라 여긴다.

사랑은
황홀한 착각과 속임수를 밟으면서 가는
오솔길이다.

우리의 존재방식

그러다가 사랑이 끝날 즈음에는
그 사랑이 진실한 사랑,
우리가 원하는 사랑이
아닐지도 모른다고 생각한다.
여기에 또
메를로 퐁티의 '사랑의 애매성'이 놓인다.
우리는 어쨌든
알 수 없는 것의 앎에 도달하려 애쓴다.
그대와 나는 서로의 기호,
기호를 해석하는 기호학자semiologist다.

3 / 그대와 나는 기호다.

우리는 가끔 모순에 사로잡힌다. 누구보다 그대라는 사람을 잘 알고 있다고 여기지만 그러면서도 우리는 그 사람의 마음을 꿰뚫어 볼 수 없어 답답해한다. 그대의 보석 같은 마음을 찾아낼 수 없어 조바심이 나며 그대에게 끝내 다다를 수도 없다는 명백한 사실에 직면하게 된다. 우리는 그대를 열어젖혀 그대의 근원, 마음의 껍데기를 뚫고 알맹이까지 거슬러 올라갈 수 없다. 그대라는 수수께끼를 풀어헤칠 수도 없다. 그대는 어디서 온 사람일까? 그대는 누구일까?

그대는 늦가을 속에서 노랗게 흘러내리는 낙엽비를 보면서 무엇을 생각할까? 내가 여우의 밀밭을 떠올릴 때 그대는 황금빛 노을을 떠올릴까? 아! 모르는 것 투성이다. 결국 모호함에 기진맥진한 우리는 그대를 부재한 기표로서만 만난다. 그대는 사방으로 퍼져나가며 여운을 남기는 기호다.

그대는 신비한 기호다. 기호들로 가득 차 있는 그대는 늘 해석되기를 원하니 언제든지 그 해석은 불만족스럽고 전복되며 허망할 수 있다. 수없이 많은 언어와 문법을 사용한들 그대는 결코 읽어낼 수 있는 텍스트가 아니다. 그대는 마티에르matière, 차라리 눈보다는 촉각으로 읽히고 만져지고 코를 들이대게 만드는 기호다.

마티에르는 표면과 내면을 갖는다. 그것은 시각을 밀쳐내고 손끝으로 만져지는 촉각적인 감각을 앞세우게 한다. 말랑 몰랑 발랑처럼 발랄하고, 뾰족하고 단단하고 묵직하게 엣지 있다. 그대의 기호는 '임파스토' impasto! 촉각을 먼저 부르는 기호다.

그대의 기호는 눈부시다. 눈이 부시다는 것은 볼 수도 말할 수도 없다는 것이다. 눈부신 그대가 수많은 인상을 우리 뇌리에 각인하러 달려들 때 우리는 덧칠하고 덧칠하는 고흐가 될 수밖에 없다. 그대의 부재한 기표는 차곡차곡 쌓여간다. 누군가를 안다는 것, 그것은 그의 욕망을 아는 것이라 말할 수 있을지도 모르겠다. 그러나 욕망의 속성은 부정확한 언표를 만드는 데 있지 않은가. 언어의 계속되는 실패는 언어의 펼쳐진 주름이다. 과녁의 정확함에는 비껴선 언어들만 꽂힌다.

우리는 아무리 해도 그대를 잘 모르겠다고 말한다. 이 말은 그대 앞에서 우리가 어떻게 해석되고 있는지 정말 모르겠다는 말과 다르지 않다. 우리는 서로에게 애매하고 불투명한 기호로 서 있기에 우리의 기호는 난해한 퍼즐이다. 그대와 우리의 소통은 난해한 퍼즐맞추기인 기호 작용 semiosis이다. 그러니 사랑할수록 서로를 더 잘 이해하게 된다는 말은 사실이 아니다. 이 사실을 빨리 깨달을수록 우리는 더 지혜로워진다.

그대는 미지의 기호다. 그것도 영원히. 우리는 누구라도 미지의 기호, 애매한 기호, 때로는 변덕스럽고 까다롭고 예민한 기호인 그대를 열광적으로 사랑한다고 인식한다. 이 사랑이야말로 참 사랑이라 여긴다. 사랑은 황홀한 착각과 속임수를 밟으면서 가는 오솔길이다. 그러다가 사랑이 끝날 즈음에는 그 사랑이 진실한 사랑, 우리가 원하는 사랑이 아닐지 모른다고 생각한다. 여기에 또 메를로 퐁티의 '사랑의 애매성'이 놓인다. 우리는 어쨌든 알 수 없는 것의 앎에 도달하려 애쓴다.

그대와 나는 서로의 기호, 기호를 해석하는 기호학자 semiologist다.

우리의 존재방식 - 네 번째

그대와 나는 순간 augenblick 이다

우리의 존재방식

사진은 순간의 재현이다.

그 순간이란
우주의 상수들의
엄청난 확률 못지않은 우연성과
절대적인 특수성이 만들어 낸 것이다.
두 번은 반복될 수 없는
단 한 번의 '순간'을 기계가 포착해
"아! 이 모습!, 아! 그렇구나!"를
연발하게 만드는 것이 사진이다.

네 번째 [그대와 나는 순간 Augenblick이다]
/ 마르틴 하이데거 Martin Heidegger의 시간성

우리나라에서 사진의 역사는
단발령 사건으로 거슬러 올라간다.
조상으로부터 물려받은 머리를
싹둑 자르기 전에 현재의 모습을
그대로 보존하고자 하는 바람이 있었다.
그래서 초상화처럼 사진은
실물과 똑같이 피사체의 순간을 포착해서
보존하고 복제하는 것이다.

우리의 존재방식

그러나 서양에서 사진은 photography로
빛phos과 그리다graphos의 합성어이다.
사물에 닿은 빛을 카메라로
기록하고 표현해내는 것이 사진이다.

동양은
대상을 있는 그대로 표현하는 것이라면
서양은
빛의 변화에 따라 다양한 대상이 표현되는 것이다.
그렇다면 '순간'은
후자의 경우에 잘 드러난다고 볼 수 있다.

네 번째 [그대와 나는 순간 Augenblick이다]
/ 마르틴 하이데거 Martin Heidegger의 시간성

소원을 채 빌기도 전에
떨어져 버리는 유성처럼
눈앞에 나타난 사물이나 사태에 대한
직관은 순간적이다.
잇따르는 일련의 정황이 없어도 직관적이기에
신적인 지성처럼 종합적으로
그냥 다 알아져버리는 순간이 있다.

무엇인가 변화했다는 것은
운동으로 설명되고
운동은 시간의 흐름으로 전환된다.
시간은 사물을 변하게 하거나
사물이 변함으로써 시간이 생성된다.

우리의 존재방식

변화와 시간은
서로가 서로를 낳고 지시한다.
비가역적인 시간의 흐름은
지나온 길은 과거로,
가야할 길은 미래로 규정하고
과거와 미래 사이에서
발딛고 있는 '순간'의 여기는
현재가 된다.
시간성에 대한 통찰은 유한성의 자각이고
이 자각은 무한과 영원을 꿈꾸게 한다.

운동과 정지 사이에 존재하는 것을
플라톤은 순간이라고 말했다지만
나는 생성과 소멸 사이에 존재하는 것이
'순간'이라고 말하고 싶다.

우리의 존재방식

순간은 새로운 국면으로 이행하는 문턱이며
영원에 잇닿아 있는 경계선이다.
그러므로 이 '순간'은 카이로스로의 입구다.
순간은 과정으로만 설명되며
이때 이전과는 전혀 다른
새로움과 창조성이 출현하기에
'순간'은 특이점이다.
'순간'의 전후는 같을 수 없다.

카뮈를 만나버린 나는
카뮈를 만나기 전의 나로 돌아갈 수 없고
시를 만나버린 나는
시를 만나기 전으로 돌아갈 수 없다.

네 번째 [그대와 나는 순간 Augenblick이다]
/ 마르틴 하이데거 Martin Heidegger의 시간성

모든 것은 변한다.
시간성 안에서
변하지 않는 것은 아무것도 없기에
동일성은 사라진다.
그럼에도 나라고 말할 수 있는 동일성은
'순간의 다발'이며
콧물처럼 생긴 세포꾸러미가 아니다.
우리가 산다고 할 때 그 삶은
엄밀히 말해 순간을 통과하는 것이다.
순간들은 시간의 흐름에 따라
점들의 나열이 직선으로 연결되고
그것들이 공간을 만들며
공간 속에서
삶의 의미가 드러나는 것이라 여긴다.

우리의 존재방식

그러나
순간의 시간성과 의미는
오히려 역방향으로 등장한다.
면에서 선으로
선에서 점으로 수렴하면서
지속이 시간성으로 나타나고
시간성 안에서 의미의 생산을 발견한다.

사실 의미는
향초를 끄고 난 후에
은은한 향기가 스며나오는 것처럼
순간에 묻어 그렇게 잔향처럼 다가온다.

의미는 언제나 그러하듯이
'지금'이 지나가고 난 후에
자국처럼 남는다.

네 번째 [그대와 나는 순간 Augenblick이다]
/ 마르틴 하이데거 Martin Heidegger의 시간성

사물과 사태에
포장지를 입혀놓은 것이 의미다.
그대가 손으로 가시를 발라내 준
생선 한 점의 순간이 지나고 나서야
기억에 자국을 남기고 의미들이 입혀진다.

우리의 존재방식

순간은 영원히 회귀한다.
신도 어쩌지 못하고
죽음도 감히 어쩌지 못하는
눈 깜빡할 사이의 찬란한 '순간'을
매번 그대와 내가 맞이하기에
영원히 회귀한다.

네 번째 [그대와 나는 순간 Augenblick이다]
/ 마르틴 하이데거 Martin Heidegger의 시간성

과거의 걸어온 길과
미래가 펼쳐질 갈림길인 '순간'에서
그대와 나는 좌절과 허무가 아니라
무한한 긍정을 하며 살아가는 존재가 된다.
위버멘쉬Übermensch,
니체의 초인이 되어가는 중이다.
그리하여
어린아이의 순진무구와 망각의 축복을 누리며
그대와 나는
심연의 어둠으로부터 자유함을 얻는다.

우리의 존재방식

절대적 특수성과 우연성이 집약된
'순간'의 우리는 위버멘쉬다.
잃어버리지 말아야 할 '순간 Augenblick'.

그림자마저도 삼켜지는
정오의 시간이 다가온다.
'순간'은 영원히 회귀한다.
그대 있는 그곳에서
'순간'을 누리길 바란다.

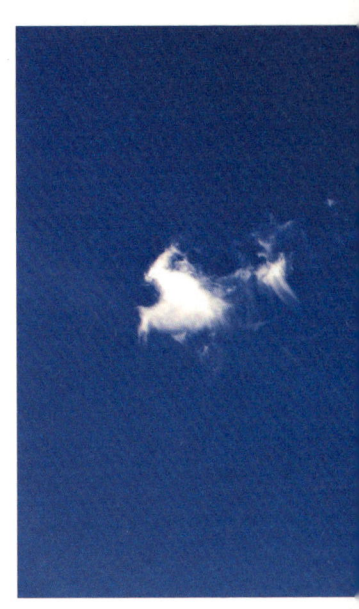

네 번째 [그대와 나는 순간 Augenblick이다]
/ 마르틴 하이데거 Martin Heidegger의 시간성

전종철 작, '천상의 메세지' 250A5457

무엇과도 바꿀 수 없고
그 누구도 어쩌지 못하는
온전히 그대만의 '순간'.

그 순간Augenblick은
온전히 그대의 것이다.

그대와 나는 순간이다.

4 / 그대와 나는 순간 Augenblick이다.

사진은 순간의 재현이다. 그 순간이란 우주의 상수들의 엄청난 확률 못지않은 우연성과 절대적인 특수성이 만들어 낸 것이다. 두 번은 반복될 수 없는 단 한 번의 '순간'을 기계가 포착해 "아! 이 모습!, 아! 그렇구나!"를 연발하게 만드는 것이 사진이다.

우리나라에서 사진의 역사는 단발령 사건으로 거슬러 올라간다. 조상으로부터 물려받은 머리를 싹둑 자르기 전에 현재의 모습을 그대로 보존하고자 하는 바람이 있었다. 그래서 초상화처럼 사진은 실물과 똑같이 피사체의 순간을 포착해서 보존하고 복제하는 것이다.

그러나 서양에서 사진은 photography로 빛phos과 그리다graphos의 합성어이다. 사물에 닿은 빛을 카메라로 기록하고 표현해내는 것이 사진이다. 동양은 대상을 있는 그대로 표현하는 것이라면 서양은 빛의 변화에 따라 다양한 대상이 표현되는 것이다. 그렇다면 '순간'은 후자의 경우에 잘 드러난다고 볼 수 있다.

소원을 채 빌기도 전에 떨어져 버리는 유성처럼 눈앞에 나타난 사물이나 사태에 대한 직관은 순간적이다. 잇따르는 일련의 정황이 없어도 직관적이기에 신적인 지성처럼 종합적으로 그냥 다 알아져버리는 순간이 있다. 무엇인가 변화했다는 것은 운동으로 설명되고 운동은 시간의 흐름으로 전환된다. 시간은 사물을 변하게 하거나 사물이 변함으로써 시간이 생성된다.

변화와 시간은 서로가 서로를 낳고 지시한다. 비가역적인 시간의 흐름은 지나온 길은 과거로, 가야할 길은 미래로 규정하고 과거와 미래 사이에서 발딛고 있는 '순간'의 여기는 현재가 된다. 시간성에 대한 통찰은 유한성의 자각이고 이 자각은 무한과 영원을 꿈꾸게 한다.

운동과 정지 사이에 존재하는 것을 플라톤은 순간이라고 말했다지만 나는 생성과 소멸 사이에 존재하는 것이 '순간'이라고 말하고 싶다. 순간은 새로운 국면으로 이행하는 문턱이며 영원에 잇닿아 있는 경계선이다. 그러므로 이 '순간'은 카이로스로의 입구다. 순간은 과정으로만 설명되며 이때 이전과는 전혀 다른 새로움과 창조성이 출현하기에 '순간'은 특이점이다. '순간'의 전후는 같을 수 없다. 카뮈를 만나버린 나는 카뮈를 만나기 전의 나로 돌아갈 수 없고 시를 만나버린 나는 시를 만나기 전으로 돌아갈 수 없다.

모든 것은 변한다. 시간성 안에서 변하지 않는 것은 아무것도 없기에 동일성은 사라진다. 그럼에도 나라고 말할 수 있는 동일성은 '순간의 다발'이며 콧물처럼 생긴 세포꾸러미가 아니다. 우리가 산다고 할 때 그 삶은 엄밀히 말해 순간을 통과하는 것이다. 순간들은 시간의 흐름에 따라 점들의 나열이 직선으로 연결되고 그것들이 공간을 만들며 공간 속에서 삶의 의미가 드러나는 것이라 여긴다.

그러나 순간의 시간성과 의미는 오히려 역방향으로 등장한다. 면에서 선으로 선에서 점으로 수렴하면서 지속이 시간성으로 나타나고 시간성 안에서 의미의 생산을 발견한다. 사실 의미는 향초를 끄고 난 후에 은은한 향기가 스며나오는 것처럼 순간에 묻어 그렇게 잔향처럼 다가온다. 의미는 언제나 그러하듯이 '지금'이 지나가고 난 후에 자국처럼 남는다.

사물과 사태에 포장지를 입혀놓은 것이 의미다. 그대가 손으로 가시를 발라내 준 생선 한 점의 순간이 지나고 나서야 기억에 자국을 남기고 의미들이 입혀진다.

순간은 영원히 회귀한다. 신도 어쩌지 못하고 죽음도 감히 어쩌지 못하는 눈 깜빡할 사이의 찬란한 '순간'을 매번 그대와 내가 맞이하기에 영원히 회귀한다. 과거의 걸어온 길과 미래가 펼쳐질 갈림길인 '순간'에서 그대와 나는 좌절과 허무가 아니라 무한한 긍정을 하며 살아가는 존재가 된다. 위버멘쉬Übermensch, 니체의 초인이 되어가는 중이다. 그리하여 어린아이의 순진무구와 망각의 축복을 누리며 그대와 나는 심연의 어둠으로부터 자유함을 얻는다.

절대적 특수성과 우연성이 집약된 '순간'의 우리는 위버멘쉬다. 잃어버리지 말아야 할 '순간Augenblick'. 그림자마저도 삼켜지는 정오의 시간이 다가온다. '순간'은 영원히 회귀한다. 그대 있는 그곳에서 '순간'을 누리길 바란다. 무엇과도 바꿀 수 없고 그 누구도 어쩌지 못하는 온전히 그대만의 '순간'.

그 순간Augenblick은 온전히 그대의 것이다.

그대와 나는 순간이다.

우리의 존재방식 _ 다섯 번째

그대와 나는 우리다

우리의 존재방식

영원 같은 순식간이었다.
애벌레가 나비로 부화하는 모습은.
죽지에서 날개가 펼쳐지려고 할 때,
그래서 땅이 아닌
공중에 터무니를 새기며
살아야 할 순간을 맞을 때,
그때는
오롯이 혼자 힘으로 이루어야 한다.

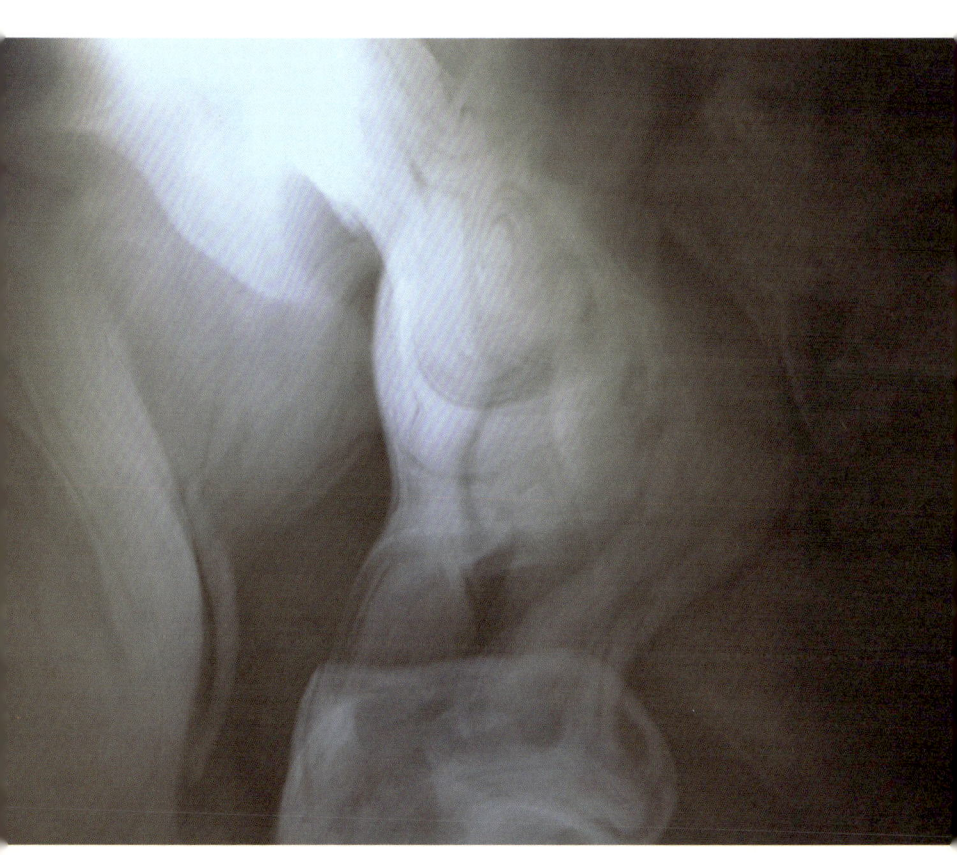

전종철 작, '천상의 메세지' 250A7277

우리의 존재방식

스스로를 찢어 열고
또 하나의 나를
세상 밖으로 내놓기 위해
안간힘을 쓰며 버둥대는 모습이
안타깝다고 해도
그 순간은
일종의 천형과도 같은 판결의 순간이다.
슬그머니 도움의 손길을 뻗어
죽지의 날개를 꺼내주기라도 한다면
나비는
머지않아 생동거림을 잃고 말기 때문이다.

다섯 번째 [그대와 나는 우리다]
/ 알베르 카뮈 Albert Camus의 타자성

한 인간의 개인사에도
중력을 이기고
공중으로 떠올라야 하는 시기가 있다.

철저히 고독해져서
사람과 사람 사이에 고랑을 파고
거리를 만들어 놓아야 하는 때가 있다.

우리의 존재방식

죽지에 힘을 뻗고
가느다란 다리로
땅을 박차고 뛰어올라야 하는 순간이 있다.
그 순간은
우연의 존재가
본질적인 존재로 탈피하는 순간으로
사유 속에서 철저히 혼자여야 한다.
그리하여 불면의 밤을 보내는
'나'는 호퍼의 그림 속 주인공이다.

다섯 번째 [그대와 나는 우리다]
/ 알베르 카뮈 Albert Camus의 타자성

실존은 본질에 앞선다고 말하는 사르트르.
인간의 '있음'은 마치 덩어리나 반죽 같아서
어떤 상황에 놓여 있는지,
누구와 함께 어디에 있는지,
다시 말해 그가 속한 지평이 어디이며
그의 선택이 무엇인지에 의해서
만들어져 가는 것이다.

인간은,
우연성에 의해 던져졌다고 보든
신의 역량에 의해
저마다 제각각 만들어졌다고 보든
피투된 인간은
자유로운 존재라는 영롱한 진실을 계시받는다.
모든 순간 앞에서 인간은 자유다.

우리의 존재방식

자유로운 인간은
자신의 역량껏
무엇이든 선택을 하고 결정을 할 수가 있다.
그러나
매순간 선택과 결정을 해야 하는 인간에게
자유는 불안을 동반한다.
자유와 불안을 선고받은 인간!
인간은 도대체 어떤 존재이며
인간과 인간의 관계는 어떤 것일까?

매순간 선택과 결정을 해야 하는 인간에게
자유는 불안을 동반한다.

전종철 작, '천상의 메세지' 250A3052

우리의 존재방식

인간을 이해하려는
정열로 똘똘 뭉쳐 있던 사르트르는
두 차례의 전쟁 속에서
홉스가 말한 세계를 목격한다.
만인에 대한 만인의 투쟁 장소에서
인간의 존엄성을 짓이기고
괴물로 변해가는 모습을 본 사르트르에게
인간은 인간에 대해 늑대이며
타자는 시선 속에서 나의 지옥으로 규정된다.

다섯 번째 [그대와 나는 우리다]
/ 알베르 카뮈 Albert Camus의 타자성

시선은 나에게
타자의 직접적이고 구체적인 현전을
설명해주는 개념이다.

시선의 끝에 닿는 모든 것은 객체화된다.
그대와 나는 서로의 시선 속에서
누가 먼저랄 것도 없이
객체로 사로잡으려 한다.
그러니 나와 그대(타자)의 관계는
함께 있는 존재가 아니라
시선의 투쟁을 벌이는 갈등이며
이런 관점에서
타자는 나의 지옥으로 이해된다.

우리의 존재방식

레비나스는
시선의 자리에 향유라는 개념을 놓는다.
일상적 삶 속에서 나와 그대는 모두
향유하고 싶은 욕구를 갖고 있으며
노동과 고통의 현실 속에서 살기 위해
서로 투쟁하고 경쟁한다.

그대와 나 사이에는
노여움, 분노, 증오, 애착, 사랑이
뒤엉켜 있으면서
서로의 자유를 제한하는 자이다.
나는 그대가 아니므로 우리는 서로
경쟁하는 가운데 상대방을 죽일 수도 있다.

다섯 번째 [그대와 나는 우리다]
/ 알베르 카뮈 Albert Camus의 타자성

우린 너나 할 것 없이
나의 권력에 포섭되지 않고
벗어나 있는 자들을 불편해하며
급기야 그런 타자는
내가 죽이고 싶은 유일한 존재자다.
인간은 인간에 대해 늑대인 것이다.

하지만 인간이 인간에 대해
언제고 아무 때나
투쟁과 폭력을 일삼는 관계이기만 할까?
인간은 인간을 자기 앞에 줄 세우고
머리 조아리게 함으로써
지배하고 싶은 욕구가
목구멍까지 채워져 있는 존재이기만 할까?
권력에 포섭되지 않으면
수단과 방법을 가리지 않고
제거해 버리고 싶은 존재이기만 할까?

우리의 존재방식

카뮈에게 타자는
나와 화해가 가능하고 협력이 가능한 존재,
즉 공존과 상생이 가능한 존재로 주어진다.

인간과 인간의 관계는
계약이나 연합에 의해 조정이 가능한 관계이며
서로 미소 지으면서
손을 내밀어 도움을 줄 수도 있는 관계다.
좋은 일이 있을 때 함께 기뻐하고
슬픈 일이 있을 때 함께 부둥켜안고
슬퍼할 수 있는 공감의 관계다.

카뮈에게 인간은
인간에 대해 신이며
타자는 어쩌면 낙원이다.

전종철 작. '천상의 메세지' 250A7529

우리의 존재방식

카뮈에게
사람과 사람의 관계는 '우리'의 관계다.
물론 '우리'의 관계에는
우리를 이루는 구성원 모두가
반항에 참여해야 한다는 전제가 있다.

반항은 부조리의 징후와 관계 있다.
그러니까 '우리'를 이루는 그들이 모두
예외 없이 부조리를 각성하는
명석한 의식 상태를 유지할 때,
그러면서 그들 사이의 단절을 극복하기 위해
치열한 노력을 하는 것이 반항이다.
인간과 인간의 관계가 '우리'가 될 때,
이들이 머무는 사회는
적지에서 왕국으로 변화한다.

다섯 번째 [그대와 나는 우리다]
/ 알베르 카뮈 Albert Camus의 타자성

'우리'라는 관계만큼
달콤하고 안락하며 평화로운 것은 없다.
'우리' 관계 안에서는
모든 것이 안전하고 허용되며 지지를 받는다.
'우리' 관계는
다름과 차이라는 다양성이 제거된 동질감이며
그것 안에서 절대 '수용'이라는
프리 티켓을 얻는다.

그러나
'우리' 관계만큼 배타적인 것이 또 있을까?

'우리' 관계에 있는 구성원들은
그들만의 믿음과 습관과 관행에 따라 뫼르소를
그들이 사는 사회의 부적격자로 표지를 입혀
배척하지 않았던가?

우리의 존재방식

'우리' 관계의 금 밖에 있는 것들은
모두 배제되어야 하고
아무나 금 안으로 발을 들여놓을 수 없다.
그러나 페스트처럼
인간과 인간 모두에게 닥친 위협 앞에서
'우리' 관계는
삼각형으로 힘을 분산시켜 만든 아치형 교각처럼
서로에게 더욱 견고하고 튼튼한 버팀목이 된다.

'우리' 관계는 말하자면 발생학적이며
그 관계의 이데올로기에 따른 계보를 갖는다.

나는 그대에게 신일까?
그대는 내게 늑대일까?
그대와 나는 그 무엇이다.

5 / 그대와 나는 우리다.

영원 같은 순식간이었다. 애벌레가 나비로 부화하는 모습은. 죽지에서 날개가 펼쳐지려고 할 때, 그래서 땅이 아닌 공중에 터무니를 새기며 살아야 할 순간을 맞을 때, 그때는 오롯이 혼자 힘으로 이루어야 한다.

스스로를 찢어 열고 또 하나의 나를 세상 밖으로 내놓기 위해 안간힘을 쓰며 버둥대는 모습이 안타깝다고 해도 그 순간은 일종의 천형과도 같은 판결의 순간이다. 슬그머니 도움의 손길을 뻗어 죽지의 날개를 꺼내주기라도 한다면 나비는 머지않아 생동거림을 잃고 말기 때문이다.

한 인간의 개인사에도 중력을 이기고 공중으로 떠올라야 하는 시기가 있다. 철저히 고독해져서 사람과 사람 사이에 고랑을 파고 거리를 만들어 놓아야 하는 때가 있다. 죽지에 힘을 뻗고 가느다란 다리로 땅을 박차고 뛰어올라야 하는 순간이 있다. 그 순간은 우연의 존재가 본질적인 존재로 날피하는 순간으로 사유 속에서 철저히 혼자여야 한다. 그리하여 불면의 밤을 보내는 '나'는 호퍼의 그림 속 주인공이다.

실존은 본질에 앞선다고 말하는 사르트르. 인간의 '있음'은 마치 덩어리나 반죽 같아서 어떤 상황에 놓여 있는지, 누구와 함께 어디에 있는지, 다시 말해 그가 속한 지평이 어디이며 그의 선택이 무엇인지에 의해서 만들어져 가는 것이다.

인간은, 우연성에 의해 던져졌다고 보든 신의 역량에 의해 저마다 제각각 만들어졌다고 보든 피투된 인간은 자유로운 존재라는 영롱한 진실을 계시받는다. 모든 순간 앞에서 인간은 자유다. 자유로운 인간은 자신의 역량껏 무엇이든 선택을 하고 결정을 할 수가 있다. 그러나 매순간 선택과 결정을 해야 하는 인간에게 자유는 불안을 동반한다. 자유와 불안을 선고받은 인간! 인간은 도대체 어떤 존재이며 인간과 인간의 관계는 어떤 것일까?

인간을 이해하려는 정열로 똘똘 뭉쳐 있던 사르트르는 두 차례의 전쟁 속에서 홉스가 말한 세계를 목격한다. 만인에 대한 만인의 투쟁 장소에서 인간의 존엄성을 짓이기고 괴물로 변해가는 모습을 본 사르트르에게 인간은 인간에 대해 늑대이며 타자는 시선 속에서 나의 지옥으로 규정된다.

시선은 나에게 타자의 직접적이고 구체적인 현전을 설명해주는 개념이다. 시선의 끝에 닿는 모든 것은 객체화된다. 그대와 나는 서로의 시선 속에서 누가 먼저랄 것도 없이 객체로 사로잡으려 한다. 그러니 나와 그대(타자)의 관계는 함께 있는 존재가 아니라 시선의 투쟁을 벌이는 갈등이며 이런 관점에서 타자는 나의 지옥으로 이해된다.

레비나스는 시선의 자리에 향유라는 개념을 놓는다. 일상적 삶 속에서 나와 그대는 모두 향유하고 싶은 욕구를 갖고 있으며 노동과 고통의 현실 속에서 살기 위해 서로 투쟁하고 경쟁한다. 그대와 나 사이에는 노여움, 분노, 증오, 애착, 사랑이 뒤엉켜 있으면서 서로의 자유를 제한하는 자이다. 나는 그대가 아니므로 우리는 서로 경쟁하는 가운데 상대방을 죽일 수도 있다. 우린 너나 할 것 없이 나의 권력에 포섭되지 않고 벗어나 있는 자들을 불편해하며 급기야 그런 타자는 내가 죽이고 싶은 유일한 존재자다. 인간은 인간에 대해 늑대인 것이다.

하지만 인간이 인간에 대해 언제고 아무 때나 투쟁과 폭력을 일삼는 관계이기만 할까? 인간은 인간을 자기 앞에 줄 세우고 머리 조아리게 함으로써 지배하고 싶은 욕구가 목구멍까지 채워져 있는 존재이기만 할까? 권력에 포섭되지 않으면 수단과 방법을 가리지 않고 제거해 버리고 싶은 존재이기만 할까?

카뮈에게 타자는 나와 화해가 가능하고 협력이 가능한 존재, 즉 공존과 상생이 가능한 존재로 주어진다. 인간과 인간의 관계는 계약이나 연합에 의해 조정이 가능한 관계이며 서로 미소 지으면서 손을 내밀어 도움을 줄 수도 있는 관계다. 좋은 일이 있을 때 함께 기뻐하고 슬픈 일이 있을 때 함께 부둥켜안고 슬퍼할 수 있는 공감의 관계다.

카뮈에게 인간은 인간에 대해 신이며 타자는 어쩌면 낙원이다. 카뮈에게 사람과 사람의 관계는 '우리'의 관계다. 물론 '우리'의 관계에는 우리를 이루는 구성원 모두가 반항에 참여해야 한다는 전제가 있다.

반항은 부조리의 징후와 관계 있다. 그러니까 '우리'를 이루는 그들이 모두 예외 없이 부조리를 각성하는 명석한 의식 상태를 유지할 때, 그러면서 그들 사이의 단절을 극복하기 위해 치열한 노력을 하는 것이 반항이다. 인간과 인간의 관계가 '우리'가 될 때, 이들이 머무는 사회는 적지에서 왕국으로 변화한다.

'우리'라는 관계만큼 달콤하고 안락하며 평화로운 것은 없다. '우리' 관계 안에서는 모든 것이 안전하고 허용되며 지지를 받는다. '우리' 관계는 다름과 차이라는 다양성이 제거된 동질감이며 그것 안에서 절대 '수용'이라는 프리 티켓을 얻는다.

그러나 '우리' 관계만큼 배타적인 것이 또 있을까? '우리' 관계에 있는 구성원들은 그들만의 믿음과 습관과 관행에 따라 뫼르소를 그들이 사는 사회의 부적격자로 표지를 입혀 배척하지 않았던가? '우리' 관계의 금 밖에 있는 것들은 모두 배제되어야 하고 아무나 금 안으로 발을 들여놓을 수 없다.

그러나 페스트처럼 인간과 인간 모두에게 닥친 위협 앞에서 '우리' 관계는 삼각형으로 힘을 분산시켜 만든 아치형 교각처럼 서로에게 더욱 견고하고 튼튼한 버팀목이 된다. '우리' 관계는 말하자면 발생학적이며 그 관계의 이데올로기에 따른 계보를 갖는다.

나는 그대에게 신일까?
그대는 내게 늑대일까?

그대와 나는 그 무엇이다.

우리의 존재방식 – 여섯 번째

그대와 나는 모호한 경계에 서 있다

우리의 존재방식

먹구름이 짙은 하늘은
장마 때 널어놓은 빨래의 감촉이다.
첼로의 낮은 선율이 스며들어 있는
공기가 스쳐 지나가면
세상은 마법에 걸려,
또렷했던 사물들의 경계와 경계가
서서히 섞이고 합쳐진다.
합쳐진 경계는 이내 뭉개져
흐릿하고 자욱해지다가 결국엔 사라진다.

여섯 번째 [그대와 나는 모호한 경계에 서 있다]
/ 레오나르도 다 빈치 Leonardo da Vinci의 '스푸마토' 경계학

서로 이질스럽다거나 혹은 생경하진 않더라도
머쓱하고 떠듬거리느라
서로의 곁을 내어주지 못하던 사물들이
서로의 전부를 쥐어준다.
페라스peras,
즉 나와 너, 주체와 객체, 자아와 타자라는
선을 그어 경계 짓던 것이
안개처럼 사라지고 그곳엔 공존만이 머문다.

우리의 존재방식

사실 이러한 자연의 현상을
회화에 응용한 레오나르도 다 빈치는
연기처럼 사라진다는 의미로
스푸마토sfumato기법이라고 불렀다.
레오나르도는
사물을 눈에 보이는 방식으로 표현하기 위해
이 기법을 사용했는데,
흐릿한 윤곽과 그윽한 색상을 통해
하나의 형태가 다른 형태와 합쳐지게 하면서
보는 이의 상상력을 꿈틀거리게 했다.

여섯 번째 [그대와 나는 모호한 경계에 서 있다]
/ 레오나르도 다 빈치 Leonardo da Vinci의 '스푸마토' 경계학

레오나르도 다 빈치가 모나리자를 완성할 때,
그는 반투명한 유약을
겹겹이 겹쳐 올리는 방식으로
입가와 눈가 같은 특정 부위에
서른 차례의 붓질을 하기도 했다.
눈과 입의 가장자리를
부드러운 그림자 속으로 사라져가게 함으로써
의도적으로 애매모호하게 표현한 것이다.

그 결과 그의 모나리자는
영혼이 있는 것 같이 느껴지며
볼 때마다 매번 다르게 보인다.
어느 때는 비웃는 것 같기도 하고,
그런가 하면 미소가 슬프게 스며들고
또 그런가 하면
평온하고 신비한 매력이 전해져 온다.

우리의 존재방식

이것일까 저것일까
모호한 것들은 우리를 불안하게 만들면서
확실한 것에 집착하게 만든다.
누구라도
이것이 진실이야 혹은 이것만이 진리야,
이것은 확고부동해,
이것은 정확해라고 선포해주기를,
그래서 애매한 것으로부터 놓여나길 바란다.
우리는 O, X로 선택하는 데에 익숙하다.
맞다 틀리다의 이분법적 사고는
내가 옳기 때문에 너는 틀려야 한다.
이분법은 하나가 진실이라면 다른 하나는 거짓,
이것이 선이면 저것은 악이라고 판결하는
심판관의 망치다.

여섯 번째 [그대와 나는 모호한 경계에 서 있다]
/ 레오나르도 다 빈치 Leonardo da Vinci의 '스푸마토' 경계학

그러나 우리는 기억해야 할 것이 있다.
불확정적이고 불확실한 것이
세계 본연의 모습이고 그것이 자연스럽다.
우리는 다만
확률적으로만 입자들의 상태를 말할 수 있을 뿐
처음부터 사물을 이루는 기본물질에 대해
무엇이라고 규정지을 수도 없거니와
그 물질이 어디에 어떤 빠르기로
어떻게 위치하고 있었는지 설명할 수도 없다.
불확정성이란 이런 것이다.
이런 세계에서 선긋기 식의 '확실함'은
사라져야 할 유령이다.

그러나 우리는 기억해야 할 것이 있다.
불확정적이고 불확실한 것이
세계 본연의 모습이고 그것이 자연스럽다.

전종철 작, '천상의 메세지' 250A6580

우리의 존재방식

사물들의 경계가 사라지듯이,
다양한 주장들의 경계와 입장들의 윤곽선이
확고하게 그어지지 않는다면,
우리의 생각은 메마르고 딱딱하지 않을 수 있다.

그대와 내가,
너와 내가
뒤섞여 들어가 흐릿해진 경계.
그 경계에서
무한한 상상력의 지대가 열리며
마주보는 시선과 시선이 부드러워진다.
그곳은 비무장지대이며 대화의 장이다.

여섯 번째 [그대와 나는 모호한 경계에 서 있다]
/ 레오나르도 다 빈치 Leonardo da Vinci의 '스푸마토' 경계학

관념의 모험이 시작되는 곳,
'and'가 있는 곳,
우리들의 사유가 중첩되는 곳.
그대와 나는 모호한 경계,
그곳에 서 있기로 하자.

6 / 그대와 나는 모호한 경계에 서 있다.

먹구름이 짙은 하늘은 장마 때 널어놓은 빨래의 감촉이다. 첼로의 낮은 선율이 스며들어 있는 공기가 스쳐 지나가면 세상은 마법에 걸려, 또렷했던 사물들의 경계와 경계가 서서히 섞이고 합쳐진다. 합쳐진 경계는 이내 뭉개져 흐릿하고 자욱해지다가 결국엔 사라진다.

서로 이질스럽다거나 혹은 생경하진 않더라도 머쓱하고 떠듬거리느라 서로의 곁을 내어주지 못하던 사물들이 서로의 전부를 쥐어준다. 페라스peras, 즉 나와 너, 주체와 객체, 자아와 타자라는 선을 그어 경계 짓던 것이 안개처럼 사라지고 그곳엔 공존만이 머문다.

사실 이러한 자연의 현상을 회화에 응용한 레오나르도 다 빈치는 연기처럼 사라진다는 의미로 스푸마토sfumato기법이라고 불렀다. 레오나르도는 사물을 눈에 보이는 방식으로 표현하기 위해 이 기법을 사용했는데, 흐릿한 윤곽과 그윽한 색상을 통해 하나의 형태가 다른 형태와 합쳐지게 하면서 보는 이의 상상력을 꿈틀거리게 했다.

레오나르도 다 빈치가 모나리자를 완성할 때, 그는 반투명한 유약을 겹겹이 겹쳐 올리는 방식으로 입가와 눈가 같은 특정 부위에 서른 차례의 붓질을 하기도 했다. 눈과 입의 가장자리를 부드러운 그림자 속으로 사라져가게 함으로써 의도적으로 애매모호하게 표현한 것이다. 그 결과 그의 모나리자는 영혼이 있는 것 같이 느껴지며 볼 때마다 매번 다르게 보인다. 어느 때는 비웃는 것 같기도 하고, 그런가 하면 미소가 슬프게 스며들고 또 그런가 하면 평온하고 신비한 매력이 전해져 온다.

이것일까 저것일까 모호한 것들은 우리를 불안하게 만들면서 확실한 것에 집착하게 만든다. 누구라도 이것이 진실이야 혹은 이것만이 진리야, 이것은 확고부동해, 이것은 정확해라고 선포해주기를, 그래서 애매한 것으로부터 놓여나길 바란다. 우리는 O, X로 선택하는 데에 익숙하다. 맞다 틀리다의 이분법적 사고는 내가 옳기 때문에 너는 틀려야 한다. 이분법은 하나가 진실이라면 다른 하나는 거짓, 이것이 선이면 저것은 악이라고 판결하는 심판관의 망치다.

그러나 우리는 기억해야 할 것이 있다. 불확정적이고 불확실한 것이 세계 본연의 모습이고 그것이 자연스럽다. 우리는 다만 확률적으로만 입자들의 상태를 말할 수 있을 뿐 처음부터 사물을 이루는 기본물질에 대해 무엇이라고 규정지을 수도 없거니와 그 물질이 어디에 어떤 빠르기로 어떻게 위치하고 있었는지 설명할 수도 없다. 불확정성이란 이런 것이다. 이런 세계에서 선긋기식의 '확실'은 사라져야 할 유령이다.

사물들의 경계가 사라지듯이, 다양한 주장들의 경계와 입장들의 윤곽선이 확고하게 그어지지 않는다면, 우리의 생각은 메마르고 딱딱하지 않을 수 있다. 그대와 내가, 너와 내가 뒤섞여 들어가 흐릿해진 경계. 그 경계에서 무한한 상상력의 지대가 열리며 마주보는 시선과 시선이 부드러워진다. 그곳은 비무장지대이며 대화의 장이다.

관념의 모험이 시작되는 곳, 'and'가 있는 곳, 우리들의 사유가 중첩되는 곳.
그대와 나는 모호한 경계, 그곳에 서 있기로 하자.

우리의 존재방식 - 일곱 번째

그때와 나는 정오의 유령 빨강꽃리아를 만난다

우리의 존재방식

우주의 별만큼이나 많은 나뭇잎들이
모두 사라진 거리는 괜스레 슬프다.
인간의 원초적인 감정에는 기쁨과 슬픔이 있다.
스피노자는
기쁨은 선이고 슬픔은 악이라고 규정한다.
슬픔이 악인 것은
존재에 다다르고자 하는
코나투스를 줄어들게 하기 때문이다.

일곱 번째 [그대와 나는 정오의 유령, 멜랑꼴리아를 만난다]
/ 발터 벤야민 Walter Benjamin의 멜랑꼴리

슬픔은
'나태'의 범주에 들어 있고
우울의 색조 즉
검은 담즙의 멜랑꼴리를 갖고 있다.
나태는 욕망의 지평에서
슬픔과 우울을 안고 있으며
선과 악으로 갈리는 갈림길에서
악으로 선고받는다.
단테의 지옥에서 언급하고 있듯이
일곱 가지 죄 중에
네 번째에 해당하는 죄가 곧 '나태'다.

우리의 존재방식

중세의 수도사들에게
나태는 정오의 유령이다.
정오 무렵,
영적인 삶을 향한 고투의 장소에
습기처럼 스며들어
구도자들의 욕망과 열정을
슬픔과 의욕상실과 게으름 속에
가둬 버리기 때문이다.

전종철 작, '천상의 메세지' 250A4472

우리의 존재방식

평범한 일상성을 살아가는 우리들에게도
나태라는 유령이 출몰하면
존재 곳곳에 공백을 만들어버려
우린 혼돈에 휩싸인다.
그러다 결국에는
텅 비어버린 무기력의 늪에 빠지고 만다.
무기력은 욕망의 타락이다.

일곱 번째 [그대와 나는 정오의 유령, 멜랑꼴리아를 만난다]
/ 발터 벤야민 Walter Benjamin의 멜랑꼴리

우리는 태어날 때부터
알 수 없는 그 무엇인가를 향하고
그곳에 도달하기 위해 안간힘을 쓰는
목적론적인 존재다.
다시 말해 원초적인 부름을 받은 존재다.
나태란 이러한 인간이
그로부터 도망치고 싶어
달음박질하는 것이다.

부름받은 그곳이 있음에도
미리 포기하고 절망한 채,
그곳으로 도달할 길이 없음을 선택하는 것이
나태다.
불가능함을 선택하고 후퇴하는 존재는
무엇인가 잃어버렸다는
슬픔과 절망의 멜랑꼴리를 안고서
모든 것을 스쳐만 간다.
이것이 나태의 습성이다.

전종철 작, '천상의 메세지' 250A7891

일곱 번째 [그대와 나는 정오의 유령, 멜랑꼴리아를 만난다]
/ 발터 벤야민 Walter Benjamin의 멜랑꼴리

멜랑꼴리의 검은 담즙을 응시하고 있으면
검은색의 경계에서 다양한 색채가 드러나듯이
에로스가 드러난다.
에로스는 멜랑꼴리의 반영이다.
성적인 욕망인 에로스가
가질 수 없는 대상을 보고
마치 잃어버린 대상처럼
상상력을 발휘한다는 점에서 그렇다.
사랑의 상실과 욕망의 상실은
같은 유전자형을 갖고 있는 표현형이다.

우리의 존재방식

멜랑꼴리의 형성 요소인 판타지,
즉 상상력과 환상은
잠재성을 현실로 드러내는 통로이기에
멜랑꼴리는 행운이다.
정오에 찾아오는 멜랑꼴리의 유령이
그대와 나를 무기력하게 한다면,
우리에겐 그때가 바로
행운의 여신이 우리를 향해 보내는
눈부신 미소와 만나는 순간이다.
창조의 본성이 깨어나는 시간이며
사랑의 상실을 극복할 기회이다.
그리하여 멜랑꼴리와 만나는 순간은
놓아 버리고 등 돌려 버린
우리들의 타락한 욕망이 구원받을 시간이다.

일곱 번째 [그대와 나는 정오의 유령, 멜랑꼴리아를 만난다]
/ 발터 벤야민 Walter Benjamin의 멜랑꼴리

멜랑꼴리는 우리에게
잠재성이라는 에너지의 창고다.
꿈을 향해 장대높이뛰기 할 때
발돋음의 정도에 따라 높이 올라갈 수 있는
가능성이 달라지듯
영혼의 더듬이인 멜랑꼴리는
에로스와 창조로 도약하기 직전의
에너지 보고다.
예술가적 기질을 선천적으로 타고난 인간은
멜랑꼴리의 심연에서
잠재성을 안고 맹렬하게 끓고 있는 마그마다.

겨울비 내리는 스산한 정오의 거리,
그대와 나는 멜랑꼴리를 만난다.

7 / 그대와 나는 정오의 유령, 멜랑꼴리아를 만난다.

우주의 별만큼이나 많은 나뭇잎들이 모두 사라진 거리는 괜스레 슬프다. 인간의 원초적인 감정에는 기쁨과 슬픔이 있다. 스피노자는 기쁨은 선이고 슬픔은 악이라고 규정한다. 슬픔이 악인 것은 존재에 다 다르고자 하는 코나투스를 줄어들게 하기 때문이다.

슬픔은 '나태'의 범주에 들어 있고 우울의 색조 즉 검은 담즙의 멜랑꼴리를 갖고 있다. 나태는 욕망의 지평에서 슬픔과 우울을 안고 있으며 선과 악으로 갈리는 갈림길에서 악으로 선고 받는다. 단테의 지옥에서 언급하고 있듯이 일곱 가지 죄 중에 네 번째에 해당하는 죄가 곧 '나태'다.

중세의 수도사들에게 나태는 정오의 유령이다. 정오 무렵, 영적인 삶을 향한 고투의 장소에 습기처럼 스며들어 구도자들의 욕망과 열정을 슬픔과 의욕상실과 게으름 속에 가둬 버리기 때문이다. 평범한 일상성을 살아가는 우리들에게도 나태라는 유령이 출몰하면 존재 곳곳에 공백을 만들어버려 우린 혼돈에 휩싸인다. 그러다 결국에는 텅 비어버린 무기력의 늪에 빠지고 만다. 무기력은 욕망의 타락이다.

우리는 태어날 때부터 알 수 없는 그 무엇인가를 향하고 그곳에 도달하기 위해 안간힘을 쓰는 목적론적인 존재다. 다시 말해 원초적인 부름을 받은 존재다. 나태란 이러한 인간이 그로부터 도망치고 싶어 달음박질하는 것이다.

부름 받은 그곳이 있음에도 미리 포기하고 절망한 채, 그곳으로 도달할 길이 없음을 선택하는 것이 나태다. 불가능함을 선택하고 후퇴하는 존재는 무엇인가 잃어버렸다는 슬픔과 절망의 멜랑꼴리를 안고서 모든 것을 스쳐만 간다. 이것이 나태의 습성이다.

멜랑꼴리의 검은 담즙을 응시하고 있으면 검은색의 경계에서 다양한 색채가 드러나듯이 에로스가 드러난다. 에로스는 멜랑꼴리의 반영이다. 성적인 욕망인 에로스가 가질 수 없는 대상을 보고 마치 잃어버린 대상처럼 상상력을 발휘한다는 점에서 그렇다. 사랑의 상실과 욕망의 상실은 같은 유전자형을 갖고 있는 표현형이다.

멜랑꼴리의 형성 요소인 판타지, 즉 상상력과 환상은 잠재성을 현실로 드러내는 통로이기에 멜랑꼴리는 행운이다. 정오에 찾아오는 멜랑꼴리의 유령이 그대와 나를 무기력하게 한다면, 우리에겐 그때가 바로 행운의 여신이 우리를 향해 보내는 눈부신 미소와 만나는 순간이다. 창조의 본성이 깨어나는 시간이며 사랑의 상실을 극복할 기회이다. 그리하여 멜랑꼴리와 만나는 순간은 놓아 버리고 등 돌려 버린 우리들의 타락한 욕망이 구원받을 시간이다.

멜랑꼴리는 우리에게 잠재성이라는 에너지의 창고다. 꿈을 향해 장대높이뛰기 할 때 발돋음의 정도에 따라 높이 올라갈 수 있는 가능성이 달라지듯 영혼의 더듬이인 멜랑꼴리는 에로스와 창조로 도약하기 직전의 에너지 보고다. 예술가적 기질을 선천적으로 타고난 인간은 멜랑꼴리의 심연에서 잠재성을 안고 맹렬하게 끓고 있는 마그마다.

겨울비 내리는 스산한 정오의 거리,
그대와 나는 멜랑꼴리를 만난다.

우리의 존재방식 - 여덟 번째

그때와 나는 데칼코마니다

우리의 존재방식

사랑을 말할 때,
우리의 말은
흔들리고 비틀거리고 현기증이 난다.
사랑은
도무지 생각을 할 수 없게 만들고서는
새롭게 다시 생각하게 만든다.
사랑에 빠진 이는
그대를 호명할 수가 없다.
분류될 수 없는 그대,
그대는 언어의 초점을 흔들리게 한다.
어느 누구도
사랑하는 대상인 그대에 대해서 말할 수 없고
그대에 관해 말할 수 없다.
사랑에 관한 한 언어는 텅 빈다.

여덟 번째 [그대와 나는 데칼코마니다]
/ 롤랑 바르트 Roland Barthes의 사랑학

그대는 다만
심장에 있는 나의 태양이다.
그대를 위해 사용하는
모든 수식어는 거짓이다.
발화하는 어떤 말들도 허기질 뿐이기에
고통스럽고 중심에서 벗어나
겉돌고 거추장스러워진다.

우리의 존재방식

너무나 독특하고 신비한 그대는
무어라 특징지을 수 없다.
그대는 진정한 롤랑 바르트의
아토포스의 형상이다.
내 욕망의 특이함에
기적적으로 부응하러 온
유일하고 독특한 이미지.
그리하여
어떤 상투적인 말에도 포함될 수 없는
그대는 아토포스.

전종철 작, '천상의 메세지' 250A5702

우리의 존재방식

롤랑 바르트에게 사랑은
블랙홀에 빨려들 듯이
상대에게 빠져 들어가는 것이다.
사랑을 하는 이는
절망이나 충족감 때문에
사라지고 싶은 충동을 느끼고,
때로는 상처 혹은 행복감으로
수렁에 빠지고 싶은 충동에 사로잡힌다.

여덟 번째 [그대와 나는 데칼코마니다]
/ 롤랑 바르트 Roland Barthes의 사랑학

차라리 용해되어 없어지고 싶도록 만드는
강렬하고 치명적인 감정.
델 것처럼 뜨거운 온도를 내뿜는
이 덩어리 말
"난 널 사랑해, <JE—T—AIME>."
이 말에 대해 우린
무어라 말해야 하는 걸까?
'나는 너를 사랑해'는 어떤 말일까?

우리의 존재방식

롤랑 바르트에게
"난 널 사랑해, <JE—T—AIME>."라는
문자의 형태는
사랑의 고백이나 선언이 아니다.
이것은
사랑의 외침의 반복적인 발화를 가리킨다.
좀 더 덧붙여 보자면
'사랑하다'란 말은 발화되자마자
주어와 목적어를 함께하는 말이기 때문에
하나의 단어처럼,
한 덩어리처럼 여겨야 한다.
그리고 교착어 같은 이 덩어리는
조그만 변형에도 와해되기 때문에
어떤 구조적인 변형도 허락되지 않는다.

여덟 번째 [그대와 나는 데칼코마니다]
/ 롤랑 바르트 Roland Barthes의 사랑학

'난 널 사랑해'는 문장이 아니다.
이 말은 어떤 의미도 전달하지 않는다.
정의가 그 명칭을 초과할 수 없는 말이다.
이는 사랑의 정의를
제 아무리 내린다고 해도
사랑이라는 단어적 명칭을
넘어서지 않는다는 말이겠다.

전종철 작, '천상의 메세지' 250A9382

여덟 번째 [그대와 나는 데칼코마니다]
/ 롤랑 바르트 Roland Barthes의 사랑학

롤랑 바르트는 '난 널 사랑해'를
충동적이며 예측불허의 것이면서도
괴상한 존재라고 규정한다.
왜냐하면 충동으로 간주하자니 문장 같고,
문장이라고 하기에는
너무 소리 지르는 듯하니 말이다.

내게 '난 널 사랑해'는
차라리 음악이라고 하는 게 낫겠다.
다양한 장르를 갖고서 그때그때마다
감성과 이성을 조율하는
마법사가 음악이 아닌가.

우리의 존재방식

'난 널 사랑해'—'저도 그래요, <Moi aussi>.'
이렇게 대답하는 게 적절한 대답일까?
아니, '난 널 사랑해'는 질문일까?

왠지
되돌려 받을 어떤 것이 있는 말 같다.
아무튼 롤랑 바르트는
'저도 그래요'는
완전한 대답이 아니라고 말한다.
왜냐하면 발화된 것을 문자 그대로
되풀이하지 않는다는 점에서
결함이 있다는 것이다.
그렇다면
'난 널 사랑해'는 무엇을 원하는가?

여덟 번째 [그대와 나는 데칼코마니다]
/ 롤랑 바르트 Roland Barthes의 사랑학

'난 널 사랑해'가 원하는 것은
정면에서,
어떤 새어나감도 없이,
완전하게,
문자 그대로,
되돌려주는 '난 널 사랑해'이다.

빛을 반사시키는 거울면에
입사각으로 존재하는 말,
도화지를 반으로 접어 완성시킨
데칼코마니 말.

우리의 존재방식

이 말의 요구는
오목과 볼록의 완벽한 합체로,
그야말로 '틈' 없음의 말이라야 한다.
'난 널 사랑해'라고 말하지 않는 사람은
수많은 사랑의 기호들과 그 징조와
증거들(몸짓, 시선, 한숨, 암시, 생략 등)을
어린 왕자의 양이 들어 있는 상자에서
꺼내 보여줘야 한다.

그래도 부족하다.

여덟 번째 [그대와 나는 데칼코마니다]
/ 롤랑 바르트 Roland Barthes의 사랑학

'난 널 사랑해'가
오로지 원하는 것은 단 하나.
기호와 의미가 완전하게 일치하는 것이다.

육체적인 입술의 발화를
숨이 넘어가도록 간절하게 기다리는 말,
'난 널 사랑해'가 미치도록 원하는 것은
바로 '난 널 사랑해'다.

우리의 존재방식

그러니 그대에게 누군가
'난 널 사랑해'라는 덩어리 말을 준다면
그대는 이제 똑같이 한 글자도 빼지 말고
그 덩어리째로 반사해 주어야 할 것이다.
덩어리 앞에 호명과 함께.

'나는 너를 사랑해'라고 말하는
그대를 향한 나의 대답은
'나는 너를 사랑해'다.
데칼코마니 같은 말, '난 널 사랑해'.

사랑을 말하는
그대와 나는 데칼코마니다.

전종철 작, '천상의 메세지' 250A5413

8 / 그대와 나는 데칼코마니다.

사랑을 말할 때, 우리의 말은 흔들리고 비틀거리고 현기증이 난다. 사랑은 도무지 생각을 할 수 없게 만들고서는 새롭게 다시 생각하게 만든다. 사랑에 빠진 이는 그대를 호명할 수가 없다. 분류될 수 없는 그대, 그대는 언어의 초점을 흔들리게 한다. 어느 누구도 사랑하는 대상인 그대에 대해서 말할 수 없고 그대에 관해 말할 수 없다. 사랑에 관한 한 언어는 텅 빈다.

그대는 다만 심장에 있는 나의 태양이다. 그대를 위해 사용하는 모든 수식어는 거짓이다. 발화하는 어떤 말들도 허기질 뿐이기에 고통스럽고 중심에서 벗어나 겉돌고 거추장스러워진다. 너무나 독특하고 신비한 그대는 무어라 특징지을 수 없다. 그대는 진정한 롤랑 바르트의 아토포스의 형상이다. 내 욕망의 특이함에 기적적으로 부응하러 온 유일하고 독특한 이미지. 그리하여 어떤 상투적인 말에도 포함될 수 없는 그대는 아토포스.

롤랑 바르트에게 사랑은 블랙홀에 빨려들 듯이 상대에게 빠져 들어가는 것이다. 사랑을 하는 이는 절망이나 충족감 때문에 사라지고 싶은 충동을 느끼고, 때로는 상처 혹은 행복감으로 수렁에 빠지고 싶은 충동에 사로잡힌다. 차라리 용해되어 없어지고 싶도록 만드는 강렬하고 치명적인 감정. 델 것처럼 뜨거운 온도를 내뿜는 이 덩어리 말 "난 널 사랑해, <JE—T—AIME>." 이 말에 대해 우린 무어라 말해야 하는 걸까? '나는 너를 사랑해'는 어떤 말일까?

롤랑 바르트에게 "난 널 사랑해, <JE—T—AIME>"라는 문자의 형태는 사랑의 고백이나 선언이 아니다. 이것은 사랑의 외침의 반복적인 발화를 가리킨다. 좀 더 덧붙여 보자면 '사랑하다'란 말은 발화되자마자 주어와 목적어를 함께하는 말이기 때문에 하나의 단어처럼, 한 덩어리처럼 여겨야 한다. 그리고 교착어 같은 이 덩어리는 조그만 변형에도 와해되기 때문에 어떤 구조적인 변형도 허락되지 않는다.

'난 널 사랑해'는 문장이 아니다. 이 말은 어떤 의미도 전달하지 않는다. 정의가 그 명칭을 초과할 수 없는 말이다. 이는 사랑의 정의를 제 아무리 내린다고 해도 사랑이라는 단어적 명칭을 넘어서지 않는다는 말이겠다.

롤랑 바르트는 '난 널 사랑해'를 충동적이며 예측 불허의 것이면서도 괴상한 존재라고 규정한다. 왜냐하면 충동으로 간주하자니 문장 같고, 문장이라고 하기에는 너무 소리 지르는 듯하니 말이다. 내게 '난 널 사랑해'는 차라리 음악이라고 하는 게 낫겠다. 다양한 장르를 갖고서 그때그때마다 감성과 이성을 조율하는 마법사가 음악이 아닌가.

'난 널 사랑해'—'지도 그레요, <Moi aussi>.' 이렇게 대답하는 게 적절한 대답일까? 아니, '난 널 사랑해'는 질문일까? 왠지 되돌려 받을 어떤 것이 있는 말 같다. 아무튼 롤랑 바르트는 '저도 그래요'는 완전한 대답이 아니라고 말한다. 왜냐하면 발화된 것을 문자 그대로 되풀이 하지 않는다는 점에서 결함이 있다는 것이다. 그렇다면 '난 널 사랑해'는 무엇을 원하는가?

'난 널 사랑해'가 원하는 것은 정면에서, 어떤 새어 나감도 없이, 완전하게, 문자 그대로, 되돌려주는 '난 널 사랑해'이다. 빛을 반사시키는 거울면에 입사각으로 존재하는 말, 도화지를 반으로 접어 완성시킨 데칼코마니 말. 이 말의 요구는 오목과 볼록의 완벽한 합체로, 그야말로 '틈' 없음의 말이라야 한다. '난 널 사랑해'라고 말하지 않는 사람은 수많은 사랑의 기호들과 그 징조와 증거들(몸짓, 시선, 한숨, 암시, 생략 등)을 어린 왕자의 양이 들어 있는 상자에서 꺼내 보여줘야 한다.

그래도 부족하다. '난 널 사랑해'가 오로지 원하는 것은 단 하나. 기호와 의미가 완전하게 일치하는 것이다. 육체적인 입술의 발화를 숨이 넘어가도록 간절하게 기다리는 말, '난 널 사랑해'가 미치도록 원하는 것은 바로 '난 널 사랑해'다.

그러니 그대에게 누군가 '난 널 사랑해'라는 덩어리 말을 준다면 그대는 이제 똑같이 한 글자도 빼지 말고 그 덩어리째로 반사해 주어야 할 것이다. 덩어리 앞에 호명과 함께. '나는 너를 사랑해'라고 말하는 그대를 향한 나의 대답은 '나는 너를 사랑해'다. 데칼코마니 같은 말, '난 널 사랑해'.

사랑을 말하는 그대와 나는 데칼코마니다.

우리의 존재방식 _ 아홉 번째

그대와 나는 시선의 에로티즘에 있다

우리의 존재방식

눈이 자꾸만 창문 밖으로 향한다.
잘잘하게 흔들거리는 나뭇잎은
풍경 속으로 나오라고 유혹한다.
못 이기는 척 산책자가 되어
거리를 읽는 눈이 되어도 좋겠다.
즐비한 상가들의 간판에서
흘려버린 시대의 색조를 읽는
발터 벤야민처럼.

전종철 작, '천상의 메세지' 250A6745

우리의 존재방식

이 계절의 정조에서
나는 사물들의 생명력을 보고 싶다.
거리의 풍경, 무엇보다도 충만한 초록으로
아름드리 올곧게 서있는 나무들,
그 초록을 배경삼아 피어난
연보라, 진보라, 연분홍 꽃잎들의 흔들거림,
하늘 가득 열린 하얀 쌀밥 알갱이 꽃들.
만나는 사물들은
저마다 충분한 자족성을 누리며
'있음' 자체로써 존재의 이유를 방사한다.
자연은
뿜어져 나오는 창조 에너지들의 놀이터다.

아홉 번째 [그대와 나는 시선의 에로티즘에 있다]
/ 모리스 메를로 퐁티 Maurice Merleau-Ponty의 현상학

물기를 머금은 식물들과
그것을 바라보는 인간 사이에서
존재의 근원적인 것을 찾는다면
그것은 물이다.

물기 없이 말라가면서 제 부피를 잃고
바스락 소리가 나는 식물과
앙상한 뼈대를 드러내며
작아질 대로 작아져가는
물기를 잃은 몸에는
죽음의 흔적이 드리워져 있다.
생명에게 물은 온기다.

우리의 존재방식

전종철 작, '천상의 메세지' 250A7239

아홉 번째 [그대와 나는 시선의 에로티즘에 있다]
/ 모리스 메를로 퐁티 Maurice Merleau-Ponty의 현상학

온기를 잃은 것들은 하나같이
수축하기 시작하여
죽음의 핵 속으로 빨려 들어가
결국에는 소멸하고 만다.
죽음의 흔적은 영혼의 등을 시리게 한다.
그러니 모든 생명을 움트게 하는
단 하나의 본질을 꼽으라면
그것은 물이라야 한다.
만물의 본질은 물이라고 말한 탈레스 쪽에
손을 흔드는 오후다.

우리의 존재방식

내가 만나는 모든 세계는
나의 사유를 불러내는 우연적 계기다.
깊은 계곡에 있는 것처럼
정신이 맑아지게 하는 폭포소리가 들리고
그 옆으로 무성하게 자란 풀들과
그것들과 엉켜서
꽃을 피워내고 있는
연보라빛 라일락을 만난 순간
시야가 아득해진다.
이것은 '아우라'다.

아홉 번째 [그대와 나는 시선의 에로티즘에 있다]
/ 모리스 메를로 퐁티 Maurice Merleau-Ponty의 현상학

햇살과 폭포소리와 라일락 향기가
어우러져 빚어낸 봄날의 경험은
두 번은 할 수 없는 유일회적 현상이다.
점 같은 순간은 언제나 찰나적이다.
내 모든 감각들은
찰나의 이미지들을 붙잡기 위해
예민해져 나를 삼킨다.

멋진 세계가 나를 홀린다.
내 의식이 세계를 향해 초월하는 것일까?
내 의식 안으로 세계가 다가오는 것일까?

우리의 존재방식

아니다.
이 세계는
이미 우리의 삶과 함께 주어져 있으면서
어떤 의미체계 또한 이미 가지고 있다.
다시 말해
세계가 내 몸의 차원, 내 존재의 차원에서
이미 주어져 있다가
의식의 차원으로 치고 올라온 것이다.

신체와 잇대어 있는 세계라는 장에서
의식의 흐름으로 있다가
라일락꽃과 폭포소리라는 대상이
내게 현출하는 것이다.

아홉 번째 [그대와 나는 시선의 에로티즘에 있다]
/ 모리스 메를로 퐁티 Maurice Merleau-Ponty의 현상학

세계는 우리의 몸을 매개로 해서
이미 실존론적으로 주어져 있기에
매 순간
우리의 시야에서 막 태어나기 시작한다.
이때 세계와 내가
어떤 관계에 놓여 있느냐에 따라
내 의식은 다채로운 표상을 낳을 것이다.
좋은 관계라면 좋은 표상으로
나쁜 관계라면 나쁜 표상으로 말이다.

관계는 대상에 대한 경험과 무관하지 않으며
그 경험은
각자 삶의 지평과 지평의 만남에서 이루어진다.

우리의 존재방식

마치 언어처럼
존재자에게서 계속 태어나는 우리는
어느 모습 하나로
또렷하게 결정된 윤곽을 갖고 있지 않다.
우리는 다만
세계와 함께 쉼 없이 태어나는 존재들이다.
양파 같고 다중우주 같은 우리.
그대와 나는 서로에게서 막 태어난다.

9 / 그대와 나는 시선의 에로티즘에 있다.

눈이 자꾸만 창문 밖으로 향한다. 잘잘하게 흔들거리는 나뭇잎은 풍경 속으로 나오라고 유혹한다. 못 이기는 척 산책자가 되어 거리를 읽는 눈이 되어도 좋겠다. 즐비한 상가들의 간판에서 흘려버린 시대의 색조를 읽는 발터 벤야민처럼.

이 계절의 정조에서 나는 사물들의 생명력을 보고 싶다. 거리의 풍경, 무엇보다도 충만한 초록으로 아름드리 올곧게 서있는 나무들, 그 초록을 배경삼아 피어난 연보라, 진보라, 연분홍 꽃잎들의 흔들거림, 하늘 가득 열린 하얀 쌀밥 알갱이 꽃들. 만나는 사물들은 저마다 충분한 자족성을 누리며 '있음' 자체로써 존재의 이유를 방사한다. 자연은 뿜어져 나오는 창조 에너지들의 놀이터다.

물기를 머금은 식물들과 그것을 바라보는 인간 사이에서 존재의 근원적인 것을 찾는다면 그것은 물이다. 물기 없이 말라가면서 제 부피를 잃고 바스락 소리가 나는 식물과 앙상한 뼈대를 드러내며 작아질 대로 작아져가는 물기를 잃은 몸에는 죽음의 흔적이 드리워져 있다. 생명에게 물은 온기다.

온기를 잃은 것들은 하나같이 수축하기 시작하여 죽음의 핵 속으로 빨려 들어가 결국에는 소멸하고 만다. 죽음의 흔적은 영혼의 등을 시리게 한다. 그러니 모든 생명을 움트게 하는 단 하나의 본질을 꼽으라면 그것은 물이라야 한다. 만물의 본질은 물이라고 말한 탈레스 쪽에 손을 흔드는 오후다.

내가 만나는 모든 세계는 나의 사유를 불러내는 우연적 계기다. 깊은 계곡에 있는 것처럼 정신이 맑아지게 하는 폭포소리가 들리고 그 옆으로 무성하게 자란 풀들과 그것들과 엉켜서 꽃을 피워내고 있는 연보라빛 라일락을 만난 순간 시야가 아득해진다. 이것은 '아우라'다.

햇살과 폭포소리와 라일락 향기가 어우러져 빚어낸 봄날의 경험은 두 번은 할 수 없는 유일회적 현상이다. 점 같은 순간은 언제나 찰나적이다. 내 모든 감각들은 찰나의 이미지들을 붙잡기 위해 예민해져 나를 삼킨다. 멋진 세계가 나를 홀린다. 내 의식이 세계를 향해 초월하는 것일까? 내 의식 안으로 세계가 다가오는 것일까?

아니다. 이 세계는 이미 우리의 삶과 함께 주어져 있으면서 어떤 의미체계 또한 이미 가지고 있다. 다시 말해 세계가 내 몸의 차원, 내 존재의 차원에서 이미 주어져 있다가 의식의 차원으로 치고 올라온 것이다. 신체와 잇대어 있는 세계라는 장에서 의식의 흐름으로 있다가 라일락꽃과 폭포소리라는 대상이 내게 현출하는 것이다.

세계는 우리의 몸을 매개로 해서 이미 실존론적으로 주어져 있기에 매 순간 우리의 시야에서 막 태어나기 시작한다. 이때 세계와 내가 어떤 관계에 놓여 있느냐에 따라 내 의식은 다채로운 표상을 낳을 것이다. 좋은 관계라면 좋은 표상으로 나쁜 관계라면 나쁜 표상으로 말이다. 관계는 대상에 대한 경험과 무관하지 않으며 그 경험은 각자 삶의 지평과 지평의 만남에서 이루어진다. 마치 언어처럼 존재자에게서 계속 태어나는 우리는 어느 모습 하나로 또렷하게 결정된 윤곽을 갖고 있지 않다. 우리는 다만 세계와 함께 쉼 없이 태어나는 존재들이다. 양파 같고 다중우주 같은 우리. 그대와 나는 서로에게서 막 태어난다.

우리의 존재방식 - 열 번째

그때와 나는 언지병 threshold 이 있다

우리의 존재방식

오후 3시는 어김없이 돌아온다.
지난 과거에도 그랬듯이
어제도 3시를 맞았고 오늘도 맞았고
내일도 오후 3시는 돌아올 것이다.
지구가 자전한다는 사실이
이러한 반복된 시간을 의심 없이 믿게 한다.
오늘 그대는 어떤 오후 3시를 맞고 있는가?

되풀이 되는 반복이라 할지라도
우리는 단 한 번도
똑같은 3시를 경험할 수는 없다.
어제 3시에 함께 있던 그대가
오늘 3시에는 함께 있지 않고,
설령 오늘도 함께 있다 해도
이미 그대와 나는
어제 3시의 그대와 내가 아니다.
반복은 언제나 차이를 생성하고 있다.
우리는 차이를 생성하는 과정 중에 있으며
그 차이들이 '나'이다.

열 번째 [그대와 나는 문지방 threshold에 있다]
/ 프리드리히 니체 Friedrich Nietzsche의 존재론

그렇다면
인간은 차이를 생성하는 자이다.
차이는 힘에 의해 발생하며
그 힘은 운동성의 원천이다.
우리는 반복과 반복 사이에서
힘을 갖고 있으며 운동하는 인간이다.

어떤 운동인가?
이 운동은 변증법적 순환을 하는 운동이며
모순을 끌어안고
한 단계 도약하는 운동이다.
이 운동은 곧 살아 있음의 가장 확실한 원동력,
이 운동이 멈추는 상태가 죽음일 것이다.

과정 중에 있는 인간은
짜라투스트라에 따르면,
자신을 몰락시키는 자요,
밧줄이며 교량이다.

전종철 작, '천상의 메세지' 250A8036

우리의 존재방식

과정 중에 있는 인간은
짜라투스트라에 따르면,
자신을 몰락시키는 자요,
밧줄이며 교량이다.
이것은 프란시스 베이컨의 윤곽이며
들뢰즈의 탈주선을 그리는 자,
윌리암 아브라함의
문지방에 서있는 자이다.

열 번째 [그대와 나는 문지방 threshold에 있다]
/ 프리드리히 니체 Friedrich Nietzsche의 존재론

그러므로 그대와 나, 우리 인간은
다음과 같이 존재한다.

밧줄이요 교량인 인간.
자신의 몰락을 꿈꾸는 자,
그리하여
끊임없이 자기 극복을 향해 나아가는 인간.

우리의 존재방식

현재의 모습이 평균성이라면
그곳으로부터 추락하는
엄청난 중력을 기꺼이 감내하는 인간,
그리하여
한 번도 출현하지 않은
새로운 인간의 형상을 만들어 내는 인간.

어느 누구도 홈이 패인 선을 그어
나/그대를 틀에 가둘 수 없도록
부단히 탈주하는 인간,
그리하여
기관이 없는 신체가 되려는 인간.

열 번째 [그대와 나는 문지방 threshold에 있다]
/ 프리드리히 니체 Friedrich Nietzsche의 존재론

시대의 담론을 의심하며
미시물리학적인 힘의 요소들이 작동하는
심연을 응시하는 인간,
그리하여
당연히 여기는 것들을 전복시키는 인간.

죽음 이외에 그 어떠한 것도
자신을 강하게
생성시켜주는 것이라 여기는 인간,
그리하여
삶에 닥친 고난과 시련과 부조리함들이
더욱 단단한 생의 근력이 되게 하는 인간.

우리의 존재방식

단 하루라도 춤을 추지 않으면
살아 있는 삶이 아니었음을 깨닫는 인간,
그리하여
내 앞의 삶을 긍정하며
꿋꿋하게 생의 놀이로 만드는 인간.

전종철 작, '천상의 메세지' 250A7542

우리의 존재방식

부단한 배움을 열망하며
귀와 눈을 여는 인간,
그리하여
배움이 그 자리에 머물지 않고
두루두루 삶의 질을 고양시키도록
기여하는 인간.

고정관념의 틀에 갇혀
한 발자국도 나아가지 못하는 자신을
당당하게 파멸로 던지는 인간,
그리하여
말랑해진 두뇌로 세상을 다양한 관점으로
폭넓게 바라보는 인간.

열 번째 [그대와 나는 문지방 threshold에 있다]
/ 프리드리히 니체 Friedrich Nietzsche의 존재론

이 모든 것들은 결국

이중 운동 속에서 리듬을 타는 것,

즉 인간 삶이 갖는 고유한 길항운동이다.

내리막과 오르막 운동,

상승과 하강 운동,

수축과 팽창 운동,

앞으로 뛰어나옴과 뒤로 물러남의

'변조' 운동인 것이다.

우리의 존재방식

전종철 작, '천상의 메세지' 250A7292

열 번째 [그대와 나는 문지방 threshold에 있다]
/ 프리드리히 니체 Friedrich Nietzsche의 존재론

짜라투스트라는 바다가 되라고 한다.
그러나 이미 인간은
무궁무진한 잠재성의 바다에 있다.
그대와 나는 비에 젖지 않는 바다다.
우리는 가장 신선하며
가장 복잡하고 가장 야릇한 인간이다.

우리의 존재방식

튀어 올라온 자, 내려가기를.
심연에 웅크린 자, 튀어 오르기를.
이러한 반복 속에서 우리는
새로운 나를 만들어 내며
오늘의 3시를 맞이한다.
그대와 나는
밧줄이고 교량이고 윤곽이며
문지방에 선 존재이다.
3시, 그대와 나는 문지방에 있다.

10 / 그대와 나는 문지방 threshold에 있다.

오후 3시는 어김없이 돌아온다. 지난 과거에도 그랬듯이 어제도 3시를 맞았고 오늘도 맞았고 내일도 오후 3시는 돌아올 것이다. 지구가 자전한다는 사실이 이러한 반복된 시간을 의심 없이 믿게 한다. 오늘 그대는 어떤 오후 3시를 맞고 있는가?

되풀이 되는 반복이라 할지라도 우리는 단 한 번도 똑같은 3시를 경험 할 수는 없다. 어제 3시에 함께 있던 그대가 오늘 3시에는 함께 있지 않고, 설령 오늘도 함께 있다 해도 이미 그대와 나는 어제 3시의 그대와 내가 아니다. 반복은 언제나 차이를 생성하고 있다. 우리는 차이를 생성하는 과정 중에 있으며 그 차이들이 '나'이다.

그렇다면 인간은 차이를 생성하는 자이다. 차이는 힘에 의해 발생하며 그 힘은 운동성의 원천이다. 우리는 반복과 반복 사이에서 힘을 갖고 있으며 운동하는 인간이다. 어떤 운동인가? 이 운동은 변증법적 순환을 하는 운동이며 모순을 끌어안고 한 단계 도약하는 운동이다. 이 운동은 곧 살아 있음의 가장 확실한 원동력, 이 운동이 멈추는 상태가 죽음일 것이다.

과정 중에 있는 인간은 짜라투스트라에 따르면, 자신을 몰락시키는 자요, 밧줄이며 교량이다. 이것은 프란시스 베이컨의 윤곽이며 들뢰즈의 탈주선을 그리는 자, 윌리암 아브라함의 문지방에 서있는 자이다. 그러므로 그대와 나, 우리 인간은 다음과 같이 존재한다. 밧줄이요 교량인 인간. 자신의 몰락을 꿈꾸는 자, 그리하여 끊임없이 자기 극복을 향해 나아가는 인간.

현재의 모습이 평균성이라면 그곳으로부터 추락하는 엄청난 중력을 기꺼이 감내하는 인간, 그리하여 한 번도 출현하지 않은 새로운 인간의 형상을 만들어 내는 인간. 어느 누구도 홈이 패인 선을 그어 나/그대를 틀에 가둘 수 없도록 부단히 탈주하는 인간, 그리하여 기관이 없는 신체가 되려는 인간.

시대의 담론을 의심하며 미시물리학적인 힘의 요소들이 작동하는 심연을 응시하는 인간, 그리하여 당연히 여기는 것들을 전복시키는 인간. 죽음 이외에 그 어떠한 것도 자신을 강하게 생성시켜주는 것이라 여기는 인간, 그리하여 삶에 닥친 고난과 시련과 부조리함들이 더욱 단단한 생의 근력이 되게 하는 인간. 단 하루라도 춤을 추지 않으면 살아 있는 삶이 아니었음을 깨닫는 인간, 그리하여 내 앞의 삶을 긍정하며 꿋꿋하게 생의 놀이로 만드는 인간.

부단한 배움을 열망하며 귀와 눈을 여는 인간, 그리하여 배움이 그 자리에 머물지 않고 두루두루 삶의 질을 고양시키도록 기여하는 인간. 고정관념의 틀에 갇혀 한 발자국도 나아가지 못하는 자신을 당당하게 파멸로 던지는 인간, 그리하여 말랑해진 두뇌로 세상을 다양한 관점으로 폭넓게 바라보는 인간.

이 모든 것들은 결국 이중 운동 속에서 리듬을 타는 것, 즉 인간 삶이 갖는 고유한 길항운동이다. 내리막과 오르막 운동, 상승과 하강 운동, 수축과 팽창 운동, 앞으로 뛰어나옴과 뒤로 물러남의 '변조'운동인 것이다.

짜라투스트라는 바다가 되라고 한다. 그러나 이미 인간은 무궁무진한 잠재성의 바다에 있다. 그대와 나는 비에 젖지 않는 바다다. 우리는 가장 신선하며 가장 복잡하고 가장 야릇한 인간이다.

튀어 올라온 자, 내려가기를. 심연에 웅크린 자, 튀어 오르기를. 이러한 반복 속에서 우리는 새로운 나를 만들어 내며 오늘의 3시를 맞이한다. 그대와 나는 밧줄이고 교량이고 윤곽이며 문지방에 선 존재이다.

3시, 그대와 나는 문지방에 있다.

우리의 존재방식 – 열한 번째

그대와 나는 빛 웅덩이 있다

우리의 존재방식

식물의 잎사귀가
사람의 얼굴만큼이나 각양각색이다.

전종철 작, '천상의 메세지' 250A9593

열한 번째 [그대와 나는 빛 우물에 있다]
/ 지그문트 프로이트 Sigmund Freud의 결핍]

맥문동처럼
가늘고 긴 형태를 갖추고 있는 식물은
군집을 이룰 때 더 풍성하고 멋진 풍경을 이룬다.

손바닥만큼이나 큰 플라타너스 잎사귀는
잘 말려두었다가
그 위에 가만가만 붓 펜으로
시를 적어두면 좋을 만큼 넉넉한 폼이다.

크기로 치자면
연잎을 능가할 만한 것이 있을까 싶다.
애기들 우신으로 써도 좋으리만치
크고 무수히 많은 나노돌기들 덕분에
물방울들이 뭉쳐져
엄지 손가락만한 다이아몬드를 만들고는
잎 위에서 하염없이 데굴거리고 논다.

우리의 존재방식

장미꽃 모양으로 사방을 향해 뻗어 있는
로제트과들은
땅에 바싹 달라붙어 있는 모습이
야무져 보이면서도 규칙대장이다.
바늘같이 뾰족한 잎들은
뭔가 견뎌야만 했던 시간이 있었구나 싶게
결연해 보인다.

열한 번째 [그대와 나는 빛 우물에 있다]
/ 지그문트 프로이트 Sigmund Freud의 결핍]

식물들은
그들이 있는 토양과 기후 조건에
잘 적응하기 위해 이처럼 그들의 양태를 갖춘다.
그들에게 적응은 곧 생존을 향한 몸짓이다.
생존의 단계를 넘어설 때에라야
생장과 생식과 번식을 위한 몸짓을 할 수 있다.
생존을 위한 치열한 각축전의 차원을 넘어가면
이제 그들의 관심은 생장이다.

우리의 존재방식

전종철 작, '천상의 메세지' 250A9221

열한 번째 [그대와 나는 빛 우물에 있다]
/ 지그문트 프로이트 Sigmund Freud의 결핍]

19세기 초 리비히(Justus Liebig)는
식물들의 생장 조건에
최소량의 법칙이 적용된다는 것을 밝혔다.
생장의 필수 원소 열 가지 중
어느 하나가 결핍되면
다른 아홉 원소가 아무리 풍성할지라도
부족한 그 하나의 원소가
식물의 생육을 지배한다.
부족한 그것이 원인이 되어
증상을 나타내는 것이다.

이를테면 열매가 맺히지 않는다거나,
잎사귀가 갈색으로 변한다거나
겅중하게 키만 자라는 방식으로
자신에게 결핍된 것을
예민하게 표현하면서
부족한 원인자를 갈구한다.

우리의 존재방식

우리 인간도 다르지 않다.
무엇엔가 결핍되거나 결여가 있는 이들은
그 요소에 대해 민감하고 예리하다.
그리하여 결핍과 결여의 원인자 앞에서
우리의 감각은
먹이를 발견한 굶주린 늑대처럼 반응한다.
햇빛을 보고 눈이 부셔한다면
우리의 시세포에 있는 명반응의 시스템에
결핍이 있다는 의미다.
식욕을 잃어 음식을 먹지 못하면
혀는 약간의 음식에도 예민해져서
미세한 맛을 구별해 낸다.

열한 번째 [그대와 나는 빛 우물에 있다]
/ 지그문트 프로이트 Sigmund Freud의 결핍]

사랑에 결핍을 갖고 있는 이는
사소한 무관심과 소홀함에도
격렬한 상실감을 느낀다.
말을 하지 않음으로써 결핍된 언어는
들려지는 표면 언어를 넘어
심층에서 튀어 올라온 언어들의 뉘앙스에
예민해진다.
그리하여 은폐된 액면 그대로의 언어들이
저절로 탈 은폐된 직접화법으로 들려오는 것이다.

결핍은
사태를 좀 더 적나라하게
감각하도록 하는 힘이 있다.

우리의 존재방식

라캉에게 결핍은
언어의 세계인 상징계로 진입하면서 발생하는
원초적인 것이다.
예컨대 타자에 의해 발화된 기표가 있다고 하자.
선생님, 학생, 직원, 사장 등등.
이 기표들은
주체에게 일종의 페르소나를 요구하는 것인데,
이때 주체가 그 기표와 동일시되기 위해
어떠한 노력을 한다 해도
데칼코마니처럼 똑같을 수는 없다.

열한 번째 [그대와 나는 빛 우물에 있다]
/ 지그문트 프로이트 Sigmund Freud의 결핍]

전종철 작, '천상의 메세지' 250A9221

우리의 존재방식

~라는 기표로 불려지는 순간
주체는 한쪽 어깨가 베어진 달처럼
주체의 일부가 잘려 나간다.
결핍은 구멍 뚫린 주체가 되는 것이다.
구멍 뚫린 주체는 불안을 부르며
이러한 주체는
잘려나간 한쪽 귀퉁이를 채울 대상인
'오브제 아', <objet a>를 구성해 낸다.
그리하여 주체는
오브제 아, <objet a>를 향한
끊임없는 술래잡기에 참여한다.

열한 번째 [그대와 나는 빛 우물에 있다]
/ 지그문트 프로이트 Sigmund Freud의 결핍]

라캉의 결핍된 주체는
프로이트의 무의식이다.
내 안에 있으면서도
초자아에 의해 거세되고 숨겨져,
그림자로 존재하는 결핍된 주체들의 거주지가
무의식이다.
이곳에는 결핍된 주체뿐만 아니라
상처받고 결함이 있는 주체도 나란히 있으며
이들은 종종 어떠한 증상이나 꿈으로 등장한다.

우리의 존재방식

우리의 주체는 프리즘 앞에 선 빛이다.
투명한 태양 빛 속에
다양한 파장의 빛깔을 안고 있는
분열된 주체.

시시로 굴절하고 분산되어 나오는 주체들.

전종철 작, '천상의 메세지' 250A9545

열한번째 [그대와 나는 빛 우물에 있다]
/ 지그문트 프로이트 Sigmund Freud의 결핍]

빛은 '무'였던 것으로부터 존재를 유출한다.
빛은 지평을 열고 공간을 비워낸다.
빛처럼 '거세'는 존재를 숨 쉬게 하고
자유하게 하는 마음의 공백을 만든다.
그렇다면
결핍은 공백에 드리워진 하나의 빛 우물이다.

우리의 존재방식

우린 빛 우물과 빛 기둥을 바라보면서
우리만의 순수하고 내밀한 경험을 하곤 한다.
결핍은 나침반의 자침을
자아 내면의 우물로 향하게 한다.
그리하여 결핍은
사태를 좀 더 정직하게
감각하도록 하는 힘이 있으며
우리 안의 코나투스를 깨운다.

결핍을 안고 있는,
그대와 나는 빛 우물에 있다.

11 / 그대와 나는 빛 우물에 있다.

식물의 잎사귀가 사람의 얼굴만큼이나 각양각색이다. 맥문동처럼 가늘고 긴 형태를 갖추고 있는 식물은 군집을 이룰 때 더 풍성하고 멋진 풍경을 이룬다. 손바닥만큼이나 큰 플라타너스 잎사귀는 잘 말려 두었다가 그 위에 가만가만 붓 펜으로 시를 적어두면 좋을 만큼 넉넉한 폼이다.

크기로 치자면 연잎을 능가할 만한 것이 있을까 싶다. 애기들 우산으로 써도 좋으리만치 크고 무수히 많은 나노돌기들 덕분에 물방울들이 뭉쳐져 엄지 손가락만한 다이아몬드를 만들고는 잎 위에서 하염없이 데굴거리고 논다. 장미꽃 모양으로 사방을 향해 뻗어 있는 로제트과들은 땅에 바싹 달라붙어 있는 모습이 야무져 보이면서도 규칙대장이다. 바늘 같이 뾰족한 잎들은 뭔가 견뎌야만 했던 시간이 있었구나 싶게 결연해 보인다.

식물들은 그들이 있는 토양과 기후 조건에 잘 적응하기 위해 이처럼 그들의 양태를 갖춘다. 그들에게 적응은 곧 생존을 향한 몸짓이다. 생존의 단계를 넘어설 때에라야 생장과 생식과 번식을 위한 몸짓을 할 수 있다. 생존을 위한 치열한 각축전의 차원을 넘어가면 이제 그들의 관심은 생장이다.

19세기 초 리비히(Justus Liebig)는 식물들의 생장 조건에 최소량의 법칙이 적용된다는 것을 밝혔다. 생장의 필수 원소 열 가지 중 어느 하나가 결핍되면 다른 아홉 원소가 아무리 풍성할지라도 부족한 그 하나의 원소가 식물의 생육을 지배한다. 부족한 그것이 원인이 되어 증상을 나타내는 것이다. 이를테면 열매가 맺히지 않는다거나, 잎사귀가 갈색으로 변한다거나 겅중하게 키만 자라는 방식으로 자신에게 결핍된 것을 예민하게 표현하면서 부족한 원인자를 갈구한다.

우리 인간도 다르지 않다. 무엇엔가 결핍되거나 결여가 있는 이들은 그 요소에 대해 민감하고 예리하다. 그리하여 결핍과 결여의 원인자 앞에서 우리의 감각은 먹이를 발견한 굶주린 늑대처럼 반응한다. 햇빛을 보고 눈이 부셔한다면 우리의 시세포에 있는 명반응의 시스템에 결핍이 있다는 의미다. 식욕을 잃어 음식을 먹지 못하면 혀는 약간의 음식에도 예민해져서 미세한 맛을 구별해 낸다.

사랑에 결핍을 갖고 있는 이는 사소한 무관심과 소홀함에도 격렬한 상실감을 느낀다. 말을 하지 않음으로써 결핍된 언어는 들려지는 표면 언어를 넘어 심층에서 튀어 올라온 언어들의 뉘앙스에 예민해진다. 그리하여 은폐된 액면 그대로의 언어들이 저절로 탈 은폐된 직접화법으로 들려오는 것이다.

결핍은 사태를 좀 더 적나라하게 감각하도록 하는 힘이 있다. 라캉에게 결핍은 언어의 세계인 상징계로 진입하면서 발생하는 원초적인 것이다. 예컨대 타자에 의해 발화된 기표가 있다고 하자. 선생님, 학생, 직원, 사장 등등. 이 기표들은 주체에게 일종의 페르소나를 요구하는 것인데, 이때 주체가 그 기표와 동일시되기 위해 어떠한 노력을 한다 해도 데칼코마니처럼 똑같을 수는 없다.

~라는 기표로 불려지는 순간 주체는 한쪽 어깨가 베어진 달처럼 주체의 일부가 잘려 나간다. 결핍은 구멍 뚫린 주체가 되는 것이다. 구멍

뚫린 주체는 불안을 부르며 이러한 주체는 잘려나간 한쪽 귀퉁이를 채울 대상인 '오브제 아', <objet a>를 구성해 낸다. 그리하여 주체는 오브제 아, <objet a>를 향한 끊임없는 술래잡기에 참여한다.

라캉의 결핍된 주체는 프로이트의 무의식이다. 내 안에 있으면서도 초자아에 의해 거세되고 숨겨져, 그림자로 존재하는 결핍된 주체들의 거주지가 무의식이다. 이곳에는 결핍된 주체뿐만 아니라 상처받고 결함이 있는 주체도 나란히 있으며 이들은 종종 어떠한 증상이나 꿈으로 등장한다.

우리의 주체는 프리즘 앞에 선 빛이다. 투명한 태양 빛 속에 다양한 파장의 빛깔을 안고 있는 분열된 주체. 시시로 굴절하고 분산되어 나오는 주체들. 빛은 '무'였던 것으로부터 존재를 유출한다. 빛은 지평을 열고 공간을 비워낸다. 빛처럼 '거세'는 존재를 숨 쉬게 하고 자유롭게 하는 마음의 공백을 만든다. 그렇다면 결핍은 공백에 드리워진 하나의 빛 우물이다.

우린 빛 우물과 빛 기둥을 바라보면서 우리만의 순수하고 내밀한 경험을 하곤 한다. 결핍은 나침반의 자침을 자아 내면의 우물로 향하게 한다. 그리하여 결핍은 사태를 좀 더 정직하게 감각하도록 하는 힘이 있으며 우리 안의 코나투스를 깨운다.

결핍을 안고 있는,
그대와 나는 빛 우물에 있다.

우리의 존재방식 - 열두 번째

그때와 나는 고무라지 돌아가는 길을 간다

우리의 존재방식

아슬아슬해서
더 아름다움을 자아내는 것이 있다.

부끄러운 미소를 지으면서
금방이라도 흘러내리는 옷감을
스윽 끌어당기거나,
매혹적인 윙크와 함께
위태위태하게 흘러내린 옷감이
더 이상 내려가지 않게
살짝 잡고 있을 것 같은 그녀는
밀로의 비너스다.
이 비너스 상은
눈을 뗄 수 없게 붙드는 매력이 있다.

열두 번째 [그대와 나는 고부라져 돌아가는 길을 간다]
/ 콘트라포스토 Contraposto적 존재론

그녀는 S자형의 곡선미와 함께
살아 움직이는 리드미컬한 율동미와
생동감이 넘치는 아름다움을 발산한다.

밀로의 비너스는
오른쪽 무릎을 살짝 세우고 있고
왼쪽에 무게중심이 실려 있다.
몸의 균형이 깨지고 비례가 어긋나면서
살아 움직이는 사람처럼 눈길을 끈다.
무게중심이 한쪽으로 쏠리면서 자연스럽게
목에서 한번 그리고 허리에서 한번
고부라져 돌아가는 길을 만든다.
이런 콘트라포스토contraposto는
아름답고 완만하게 매끈한
곡선의 순간을 연출한다.

우리의 존재방식

비너스의
고부라져 돌아가는 그 아름다운 곡선,
그곳에서
우리 삶의 여정이 소실점으로 모인다.

전종철 작, '천상의 메세지' 250A8901

우리의 존재방식

저곳까지만 가면
모든 것이 괜찮아지리라는
막연하지만 희망에 찬 마음,
그런가 하면
막막하기만 하고 도대체 나아질 것이라고는
아무것도 없을 것 같은
내면의 불안과 그로 인한 허기.
소실점에는
길을 걷는 이에게
희망과 불안의 두 세계가 머문다.

열두 번째 [그대와 나는 고부라져 돌아가는 길을 간다]
/ 콘트라포스토 Contraposto적 존재론

선은 점들의 연속이듯이
속절없고 기약 없을 것 같은 하루하루가 꿰어져
오늘과 잇닿아 있지 않은가.

어제 걸어온 발걸음이
또 오늘을 걷게 하고
그 걸음이 내어준 길을
내일 또 걸을 것이다.
그렇게 삶은 지속duration이다.

우리의 존재방식

변하지 않는 상태의 연장으로서의
지속이 아니라
인내의 의미를 안고 있으면서
생명을 이어나가며
그 안에서 수없는 좌절과 포기로
쓰러지고 넘어져
절망에 빠질지라도
기어서라도 그 고개를 지나오며
삶을 이끌어 나가는 것.

삶은 이러한 의미의 지속duration이다.

열두 번째 [그대와 나는 고부라져 돌아가는 길을 간다]
/ 콘트라포스토 Contraposto적 존재론

우리의 삶은 언제나 그러한 굴곡진 길에,

매순간이 아름답게 만들어지는

콘트라포스토의 묘미가 있다.

찬바람이 부는 인생의 들판,

그대와 나는

고부라져 돌아가는 길에 있다.

12 / 그대와 나는 고부라져 돌아가는 길을 간다.

아슬아슬해서 더 아름다움을 자아내는 것이 있다. 부끄러운 미소를 지으면서 금방이라도 흘러내릴 옷감을 스윽 끌어당기거나, 매혹적인 윙크와 함께 위태위태하게 흘러내린 옷감이 더 이상 내려가지 않게 살짝 잡고 있을 것 같은 그녀는 밀로의 비너스다. 이 비너스 상은 눈을 뗄 수 없게 붙드는 매력이 있다.

그녀는 S자형의 곡선미와 함께 살아 움직이는 리드미컬한 율동미와 생동감이 넘치는 아름다움을 발산한다. 밀로의 비너스는 오른쪽 무릎을 살짝 세우고 있고 왼쪽에 무게중심이 실려 있다. 몸의 균형이 깨지고 비례가 어긋나면서 살아 움직이는 사람처럼 눈길을 끈다. 무게중심이 한쪽으로 쏠리면서 자연스럽게 목에서 한번 그리고 허리에서 한번 고부라져 돌아가는 길을 만든다. 이런 콘트라포스토contraposto는 아름답고 완만하게 매끈한 곡선의 순간을 연출한다.

비너스의 고부라져 돌아가는 그 아름다운 곡선, 그곳에서 우리 삶의 여정이 소실점으로 모인다. 저곳까지만 가면 모든 것이 괜찮아지리라는 막연하지만 희망에 찬 마음, 그런가 하면 막막하기만 하고 도대체 나아질 것이라고는 아무것도 없을 것 같은 내면의 불안과 그로 인한 허기. 소실점에는 길을 걷는 이에게 희망과 불안의 두 세계가 머문다.

선은 점들의 연속이듯이 속절없고 기약 없을 것 같은 하루하루가 꿰어져 오늘과 잇닿아 있지 않은가. 어제 걸어온 발걸음이 또 오늘을 걷게 하고 그 걸음이 내어준 길을 내일 또 걸을 것이다. 그렇게 삶은 지속duration이다.

변하지 않는 상태의 연장으로서의 지속이 아니라 인내의 의미를 안고 있으면서 생명을 이어나가며 그 안에서 수없는 좌절과 포기로 쓰러지고 넘어져 절망에 빠질지라도 기어서라도 그 고개를 지나오며 삶을 이끌어 나가는 것. 삶은 이러한 의미의 지속duration이다.

우리의 삶은 언제나 그러한 굴곡진 길에, 매순간이 아름답게 만들어지는 콘트라포스토의 묘미가 있다. 찬바람이 부는 인생의 들판,

그대와 나는 고부라져 돌아가는 길에 있다.

우리의 존재방식 – 열세 번째

그대와 나는 '있음'(일리야 il y a)이다

우리의 존재방식

내가 딛고 서 있는 이곳,
나를 에워싼 공기와 햇볕
그리고 간간이 들려오는 새소리 등
이 모든 것들은 삶의 요소들이다.

물이 삶의 요소인 물고기는
물속에서 삶을 누리고 즐긴다.
물고기의 존재 목적은 그것이 전부다.
물을 쟁여두고 가로채고
물 밖의 세상을 욕심내는 것은 의미가 없다.
물고기에게 물은 그저 자유로이
유선형의 몸짓으로 누리고 즐길 수 있으면,
물고기는
물고기의 존재를 최대로 잘 드러내는 것이겠다.

열세 번째 [그대와 나는 '있음'(일리야 il y a)이다]
/ 에마뉘엘 레비나스 Emmanuel Levinas의 일리야

나는 내 삶의 요소이자
존재의 원천인 빛을 누리는 중이다.

전종철 작, '천상의 메세지' 250A5487

열세 번째 [그대와 나는 '있음'(일리야 il y a)이다] / 에마뉘엘 레비나스 Emmanuel Levinas의 일리야

빛이 표정 없이 굳어진 바닥을 퍼내고
그곳에 햇살을 채운다.
태양의 작업이 끝나기를 기다렸다는 듯이
나는 바닥에 만들어 놓은 투명한 웅덩이 속으로
손을 쓰윽 넣어 보고,
나뭇가지로 웅덩이 물을 휘이 저어
작은 소용돌이를 만들어 놓듯이
한쪽 발로 휘젓는다.

빛들이 사방으로 튄다.
빛, 그곳은 존재의 장이다.
존재자를 입고 존재가 드러나는 곳이다.
어떤 것도 같지 않은
모나드들이 움직임을 시작한다.

우리의 존재방식

어떠한 목적에 부합될 것과
누군가의 동의를 구하지 않아도 되는
무관심한 만족이란 과연 이러한 것임을 경험한다.
나를 둘러싼 환경과 그곳에서의 주이상스,
비로소 나는 '있음'의 주체인 모나드로 서 있는다.
타인과 분리되어
내 자신이 설 자리를 세계 속에서 점유하는 것,
레비나스가 이를 '홀로서기'라고 표현한 것은
참으로 적절하다.
그러나 개체성과 주체성으로 등장한 존재자는
필연적으로 고독하다.

열세 번째 [그대와 나는 '있음'(일리야 il y a)이다]
/ 에마뉘엘 레비나스 Emmanuel Levinas의 일리야

고독이 밀려오는 한낮,
하늘과 나란한 창문을 향해 눈을 감으면
깊숙하게 드리워진 햇볕이
가장 먼저 반겨주곤 하였던 유년의 마당.
그곳은 태양이 움직이는 길을 따라
사물들의 그림자가
길어졌다가 이내 짧아지기를 반복하였다.

그 모습을 쫓아 마당을 헤집다 보면
공포에 쪼그라들었던 영혼과
서러움으로 납작해진 마음이
한 잎 한 잎 펼쳐졌다.

우리의 존재방식

키 큰 감나무가 만들어 놓은 그늘,
빛과 그늘의 경계에 서서
한 발은 빛 속에,
한 발은 그늘 속에 둔 채
어느 한 쪽으로 발을 모으면
나는 그늘 속으로 삼켜지거나
빛의 반사물이 되어 사방으로 드러났다.
일곱 살 내가 경험한 그늘,
그곳은 '사라짐', '없음'의 통로이다.

열세 번째 [그대와 나는 '있음'(일리야 il y a)이다]
/ 에마뉘엘 레비나스 Emmanuel Levinas의 일리야

'없음'은
아무것도 없는 전적인 '없음'이 아니다.
존재가 드러나기 위해
존재자를 갈망하는 곳의 근원이 빛이라면
어둠, 그림자, 그늘 또한 그러한 장이다.
그 속으로 들어가면
나의 '있음'이 삼켜진 채 형체가 없어져 버린다.
빛은 보다 능동적인 있음의 장, 힘의 장,
그리하여 다채로운 빛깔을 내뿜는
존재자가 출몰하는 '있음'이다.
그림자의 어둠에 달라붙은 내가
그림자 속으로 용해되어 버리듯이
어둠,
그곳에서는 나의 외연이 지워지고 내면만 남는다.

우리의 존재방식

'없음'은
무연한 '있음', 탈색되고 휘발된 '있음'이다.
말하자면 그냥 '있음'
혹은 세계의 모든 것들이 다 사라져
아무것도 없다고 상상해 볼 때
그곳을 상상하는 나에게 등장하는
그 '무한한 침묵의 공간',
아마도 이것이 '있음'이 아닐까?
이 '있음'을 나는 '일리야'로 이해한다.
삶에 고독이 밀려오는 시간을 살고 있는 우리,
고독한 존재자라기보다
차라리 그대도 나도
빛과 어둠 속에서 존재자를 거머쥘
'있음'일 뿐이다.

그대와 나는 단지 '있음', 즉 일리야 (il y a)이다.

전종철 작, '천상의 메세지' 250A2206

13 / 그대와 나는 '있음' (일리야 il y a)이다.

내가 딛고 서 있는 이곳, 나를 에워싼 공기와 햇볕 그리고 간간이 들려오는 새소리 등 이 모든 것들은 삶의 요소들이다. 물이 삶의 요소인 물고기는 물속에서 삶을 누리고 즐긴다. 물고기의 존재 목적은 그것이 전부다. 물을 쟁여두고 가로채고 물 밖의 세상을 욕심내는 것은 의미가 없다. 물고기에게 물은 그저 자유로이 유선형의 몸짓으로 누리고 즐길 수 있으면, 물고기는 물고기의 존재를 최대로 잘 드러내는 것이겠다.

나는 내 삶의 요소이자 존재의 원천인 빛을 누리는 중이다. 빛이 표정 없이 굳어진 바닥을 퍼내고 그곳에 햇살을 채운다. 태양의 작업이 끝나기를 기다렸다는 듯이 나는 바닥에 만들어 놓은 투명한 웅덩이 속으로 손을 쓰윽 넣어 보고, 나뭇가지로 웅덩이 물을 휘이 저어 작은 소용돌이를 만들어 놓듯이 한쪽 발로 휘젓는다. 빛들이 사방으로 튄다. 빛, 그곳은 존재의 장이다. 존재자를 입고 존재가 드러나는 곳이다. 어떤 것도 같지 않은 모나드들이 움직임을 시작한다.

어떠한 목적에 부합될 것과 누군가의 동의를 구하지 않아도 되는 무관심한 만족이란 과연 이러한 것임을 경험한다. 나를 둘러싼 환경과 그곳에서의 주이상스, 비로소 나는 '있음'의 주체인 모나드로 서 있는다. 타인과 분리되어 내 자신이 설 자리를 세계 속에서 점유하는 것, 레비나스가 이를 '홀로서기'라고 표현한 것은 참으로 적절하다. 그러나 개체성과 주체성으로 등장한 존재자는 필연적으로 고독하다.

고독이 밀려오는 한 낮, 하늘과 나란한 창문을 향해 눈을 감으면 깊숙하게 드리워진 햇볕이 가장 먼저 반겨주곤 하였던 유년의 마당. 그곳은 태양이 움직이는 길을 따라 사물들의 그림자가 길어졌다가 이내 짧아지기를 반복하였다. 그 모습을 쫓아 마당을 헤집다 보면 공포에 쪼그라들었던 영혼과 서러움으로 납작해진 마음이 한 잎 한 잎 펼쳐졌다. 키 큰 감나무가 만들어 놓은 그늘, 빛과 그늘의 경계에 서서 한 발은 빛 속에, 한 발은 그늘 속에 둔 채 어느 한 쪽으로 발을 모으면 나는 그늘 속으로 삼켜지거나 빛의 반사물이 되어 사방으로 드러났다. 일곱 살 내가 경험한 그늘, 그곳은 '사라짐', '없음'의 통로이다.

'없음'은 아무것도 없는 전적인 '없음'이 아니다. 존재가 드러나기 위해 존재자를 갈망하는 곳의 근원이 빛이라면 어둠, 그림자, 그늘 또한 그러한 장이다. 그 속으로 들어가면 나의 '있음'이 삼켜진 채 형체가 없어져 버린다. 빛은 보다 능동적인 있음의 장, 힘의 장, 그리하여 다채로운 빛깔을 내뿜는 존재자가 출몰하는 '있음'이다. 그림자의 어둠에 달라붙은 내가 그림자 속으로 용해되어 버리듯이 어둠, 그곳에서는 나의 외연이 지워지고 내면만 남는다.

'없음'은 무연한 '있음', 딜색되고 휘발된 '있음'이다. 말하자면 그냥 '있음' 혹은 세계의 모든 것들이 다 사라져 아무것도 없다고 상상해 볼 때 그곳을 상상하는 나에게 등장하는 그 '무한한 침묵의 공간', 아마도 이것이 '있음'이 아닐까? 이 '있음'을 나는 '일리야'로 이해한다. 삶에 고독이 밀려오는 시간을 살고 있는 우리, 고독한 존재자라기보다 차라리 그대도 나도 빛과 어둠 속에서 존재자를 거머쥘 '있음'일 뿐이다.

그대와 나는 단지 '있음', 즉 일리야 (il y a)이다.

우리의 존재방식 - 열네 번째

그대와 나는 더이상 없다

우리의 존재방식

주먹만한 위가
음식을 요구하는 신호를 보내온다.
인간은 육체를 가진 존재라는 사실,
육체는
인간의 감정과 인간이 놓인 상황과는 별개로
스스로 욕구한다는 사실을 깨닫는다.

단촐하게 먹든 거하게 먹든
위가 채워지는 데는
그렇게 까다로운 요구가 있는 것이 아닌데도
일정한 용량이 채워지지 않으면
신체는 격렬한 반응을 보인다.

전종철 작, '천상의 메세지' 250A6994

우리의 존재방식

도구들로 이루어진 세계,
도구들로 가득 찬 세계에서
존재의 의미를 묻는 물음은
지금 이 순간에는 괄호에 묶인다.
육체와 욕구라는
보다 원초적인 물음이 던져지기 때문이다.

세계는 도구들로 이루어지기 전에
먼저 육체가 있었고
그러한 세계는 먹을거리들의 집합이다.
왜냐하면 돈이 많은 사람도
권력을 쥐고 있는 사람도 먹어야 하고
건강한 사람도 가난한 사람도,
어린아이도 나이든 사람도
하나같이 먹어야 사니 말이다.
먹는 일이 사는 일이다.

열네 번째 [그대와 나는 주이상스다]
/ 에마뉘엘 레비나스 Emmanuel Levinas의 주이상스

인간의 육체는 음식을 욕구한다.
육체를 가진 인간은
누가, 언제, 어디서. 어떻게, 왜? 라는
물음과 상관없이 먹어야 산다.
먹기 위해 먹는 인간에게
삶이 먹는 것 자체라는 사실은
얼마나 솔직한 것인가.
이것이야말로 '삶의 솔직성'이다.

우리의 존재방식

먹는 순간은 향유의 순간이다.
먹고 있는 음식을 향유하고,
먹고 있는 현실의 삶을 향유하고
음식을 욕구하며
그 욕구가 채워지고 있는 육체를 향유한다.
향유한다는 것은 무엇인가?
일상성을 통해 향유한다는 것은
무엇보다도 먼저 의식과 관계 있다.

열네 번째 [그대와 나는 주이상스다]
/ 에마뉘엘 레비나스 Emmanuel Levinas의 주이상스

인간은 의식을 통해
존재라는 익명성으로부터
각각의 존재자들이 드러나는
빛의 세계로 들어선다.
그러면서 의식을 통해
스스로를 인간이라고 정립한다.
의식을 가진 인간은
다른 객체와 마주서서 그들을 이해하는 자,
관조하는 자가 된다.

전종철 작, '천상의 메세지' 250A7141

열네 번째 [그대와 나는 주이상스다]
/ 에마뉘엘 레비나스 Emmanuel Levinas의 주이상스

예컨대 검정색 원기둥에
스타벅스 로고가 쓰여진 물체가 있는데
내가 그것을 텀블러로 인식했다면,
나는 이제부터 그것에 커피를 담아서
필요할 때면 언제라도 뚜껑을 열어
커피를 마시는 데 사용할 것이다.
향유한다는 것은
의식을 갖는 주체로 등장한 인간이
사물들과 만나고
그것들을 자기의 것으로 소유하고
이해하고 사용함으로써 지배하는 것을 말한다.

우리의 존재방식

향유하는 인간은
행복과 고독을 동시에 맛본다.
지배하고 소유함으로써
욕구가 충족되는 것 같아 행복을 느끼지만
동시에 분리되어 있어
온전한 소유가 아님을 알기에
만족에 구멍이 난다.

욕구는 금세 또다시 무엇인가를 향해
목마르고 허기를 느낀다.

열네 번째 [그대와 나는 주이상스다]
/ 에마뉘엘 레비나스 Emmanuel Levinas의 주이상스

욕구는 인간을 돈쥬앙으로 만든다.
욕구의 부정성은 고독을 부른다.
인간은 어떠한 물질과도
누구와도
심지어 자신으로부터도
분리되어 있기에
스스로를 만족시켜 줄 수 없다.
함께 있으면서도, 가진 것이 많아도,
행복하다고 말하면서도
잔향처럼 언제나 고독을 느끼는 우리들의 주이상스.
그대와 나는 주이상스다.

14 / 그대와 나는 주이상스다.

주먹만한 위가 음식을 요구하는 신호를 보내온다. 인간은 육체를 가진 존재라는 사실, 육체는 인간의 감정과 인간이 놓인 상황과는 별개로 스스로 욕구한다는 사실을 깨닫는다. 단촐하게 먹든 거하게 먹든 위가 채워지는 데는 그렇게 까다로운 요구가 있는 것이 아닌데도 일정한 용량이 채워지지 않으면 신체는 격렬한 반응을 보인다. 도구들로 이루어진 세계, 도구들로 가득 찬 세계에서 존재의 의미를 묻는 물음은 지금 이순간에는 괄호에 묶인다. 육체와 욕구라는 보다 원초적인 물음이 던져지기 때문이다.

세계는 도구들로 이루어지기 전에 먼저 육체가 있었고 그러한 세계는 먹을거리들의 집합이다. 왜냐하면 돈이 많은 사람도 권력을 쥐고 있는 사람도 먹어야 하고 건강한 사람도 가난한 사람도, 어린아이도 나이든 사람도 하나 같이 먹어야 사니 말이다. 먹는 일이 사는 일이다.

인간의 육체는 음식을 욕구한다. 육체를 가진 인간은 누가, 언제, 어디서. 어떻게, 왜? 라는 물음과 상관없이 먹어야 산다. 먹기 위해 먹는 인간에게 삶이 먹는 것 자체라는 사실은 얼마나 솔직한 것인가. 이것이야말로 '삶의 솔직성'이다.

먹는 순간은 향유의 순간이다. 먹고 있는 음식을 향유하고, 먹고 있는 현실의 삶을 향유하고 음식을 욕구하며 그 욕구가 채워지고 있는 육체를 향유한다. 향유한다는 것은 무엇인가? 일상성을 통해 향유한다는 것은 무엇보다도 먼저 의식과 관계 있다.

인간은 의식을 통해 존재라는 익명성으로부터 각각의 존재자들이 드러나는 빛의 세계로 들어선다. 그러면서 의식을 통해 스스로를 인간이라고 정립한다. 의식을 가진 인간은 다른 객체와 마주서서 그들을 이해하는 자, 관조하는 자가 된다.

예컨대 검정색 원기둥에 스타벅스 로고가 쓰여진 물체가 있는데 내가 그것을 텀블러로 인식했다면, 나는 이제부터 그것에 커피를 담아서 필요할 때면 언제라도 뚜껑을 열어 커피를 마시는 데 사용할 것이다. 향유한다는 것은 의식을 갖는 주체로 등장한 인간이 사물들과 만나고 그것들을 자기의 것으로 소유하고 이해하고 사용함으로써 지배하는 것을 말한다.

향유하는 인간은 행복과 고독을 동시에 맛본다. 지배하고 소유함으로써 욕구가 충족되는 것 같아 행복을 느끼지만 동시에 분리되어 있어 온전한 소유가 아님을 알기에 만족에 구멍이 난다. 욕구는 금세 또다시 무엇인가를 향해 목마르고 허기를 느낀다.

욕구는 인간을 돈쥬앙으로 만든다. 욕구의 부성성은 고독을 부른다. 인간은 어떠한 물질과도 누구와도 심지어 자신으로부터도 분리되어 있기에 스스로를 만족시켜 줄 수 없다. 함께 있으면서도, 가진 것이 많아도, 행복하다고 말하면서도 잔향처럼 언제나 고독을 느끼는 우리들의 주이상스.

그대와 나는 주이상스다.

우리의 존재방식 – 열다섯 번째

그대와 나는 단단중지에 있다

우리의 존재방식

계속 뻗어 가는 거미줄 같은 것.
기억의 방식으로 뻗어 나가는 것.
중심이 없는 것.
대상을 보고 거기에 몰두해 있으면
나는 없고 이것만 남는 것.
이것은 '의식' 혹은 '마음'이다.

담쟁이가 벽을 움켜쥐며 타고 오르는
지독한 사랑이듯이,
의식은 대상을 향해 예민해진 감각으로
맹렬하게 더듬이를 뻗는
자동유도장치 같은 것이다.

열다섯 번째 [그대와 나는 판단중지에 있다]
/ 에드문트 후설 Edmund Husserl의 판단중지

의식은 항상 어딘가를 향한다.
후설은 이런 의식의 성격을
지향성이라 부른다.
내 의식이 뻗어간 지향성의 테두리가 '나'다.
나는 의식 자체다.
의식에 의해 포착되는 모든 것이 세계이고
그것은 세계 전체이며
그 세계는 곧 '나'다.
그러나 내 의식에 주어지지 않으면
존재하는 것은 아무것도 없다.
내 의식이 그대에게 가 닿지 않는다면
그대는 없다.
내 의식이 그대에게 뻗어나가야
그대는 존재한다.

우리의 존재방식

내 마음에게 불가능한 곳은 없다.

마음길이 향하는 곳은
어디든 의식이 마중을 나가,
내가 나선은하를 생각하면 그곳에 있고,
북두칠성을 생각하면 그곳에 있고,
고흐의 아를의 방을 생각하면 그곳에 있다.
그대를 생각하는 나는 지금
그대에게 가 있다.

전종철 작, '천상의 메세지' 250A9473

우리의 존재방식

내 의식은 자기장 같아서
자기력이 미치는 곳까지가
자기장의 영역이듯이
내 지향성이 맞닿는 곳까지가 '나'이다.

우리는
주어진 몸에 국한된 존재가 아니다.
그대와 나, 우리는 초월하는 존재다.

내게 현출하는 그대 본연의 모습과
내 의식에 나타나는 그대는
같을까?

열다섯 번째 [그대와 나는 판단중지에 있다]
/ 에드문트 후설 Edmund Husserl의 판단중지

내가 서있는 곳이 어디냐에 따라
풍경이 달라 보이듯이
대상이 내게 나타나는 것은 늘 관점적이다.
대상은 일정한 하나의 측면에서
음영이 진 채 나타나기에
내 관점과 분리 불가능하다.
이때 관점은
대상을 바라보는 태도라 할 터인데
태도에는 두 가지가 있다.

전종철 작, '천상의 메세지' 250A7071

열다섯 번째 [그대와 나는 판단중지에 있다]
/ 에드문트 후설 Edmund Husserl의 판단중지

하나는
시간과 공간을 말할 때 뉴턴처럼
균질한 절대시간과
균등한 절대시간으로 바라보는
'자연적 태도'로
이는 우리의 경험과 지식이 하나의 잣대가 되어
사물을 바라보는 태도이다.

예컨대 권력과 명예와 사회적 지위를 얻으려고,
자본주의가 부추기는
부와 행복의 카테고리 안에 들어가기 위해
바동거리는 삶이 있다고 하자.
이 삶이 당연하게 여겨지는 것은
세상에 몰두해 있는
자연적 태도로 살기 때문이다.

우리의 존재방식

다른 하나는 현상학적 태도다.
하나의 장소가
누구에게나 똑같이 느껴지는 것은 아니다.
누군가는 그 장소가 사랑이 시작된 곳이라
소중한 장소인가 하면
누군가는 이별의 장소여서
슬픈 장소가 되기도 한다.

이처럼 체험 그 자체를
순수하게 경험하고 그것을
규정하려는 태도가 현상학적 태도이다.
순수한 체험에는
선입견이나 기존의 지식이 끼어들 자리가 없이
괄호 쳐진다.

열다섯 번째 [그대와 나는 판단중지에 있다]
/ 에드문트 후설 Edmund Husserl의 판단중지

대상의 실재가
우리에게 어떻게 현상되는지는
자연적 태도를 피하고
실재의 현출 자체에 시선을 돌려야만 알 수 있다.
실재가 내게 주어지는 방식에 집중하는 것,
다시 말해
미리 주어진 독단적 판단과 태도에서
괄호를 치고 판단중지 epoche하라고
후설은 제안한다.

우리의 존재방식

롤랑 바르트라면 '영도',
프란시스 베이컨이라면 클리셰 없애기.
내 식으로 말해 본다면 쿨해지기다.

있는 그대로의 모습을 보고 싶은 우리,

그대와 나는 서로 쿨해지는,
판단중지에 있다.

15/ 그대와 나는 판단중지에 있다.

계속 뻗어 가는 거미줄 같은 것. 기억의 방식으로 뻗어 나가는 것. 중심이 없는 것. 대상을 보고 거기에 몰두해 있으면 나는 없고 이것만 남는 것. 이것은 '의식' 혹은 '마음'이다. 담쟁이가 벽을 움켜쥐며 타고 오르는 지독한 사랑이듯이. 의식은 대상을 향해 예민해진 감각으로 맹렬하게 더듬이를 뻗는 자동유도장치 같은 것이다.

의식은 항상 어딘가를 향한다. 후설은 이런 의식의 성격을 지향성이라 부른다. 내 의식이 뻗어간 지향성의 테두리가 '나'다. 나는 의식 자체다. 의식에 의해 포착되는 모든 것이 세계이고 그것은 세계 전체이며 그 세계는 곧 '나'다. 그러나 내 의식에 주어지지 않으면 존재하는 것은 아무것도 없다. 내 의식이 그대에게 가 닿지 않는다면 그대는 없다. 내 의식이 그대에게 뻗어나가야 그대는 존재한다.

내 마음에겐 불가능한 곳은 없다. 마음길이 향하는 곳은 어디든 의식이 마중을 나가, 내가 나선은하를 생각하면 그곳에 있고, 북두칠성을 생각하면 그곳에 있고, 고흐의 아를의 방을 생각하면 그곳에 있다. 그대를 생각하는 나는 지금 그대에게 가 있다.

내 의식은 자기장 같아서 자기력이 미치는 곳까지가 자기장의 영역이듯이 내 지향성이 맞닿는 곳까지가 '나'다. 우리는 주어진 몸에 국한된 존재가 아니다. 그대와 나, 우리는 초월하는 존재다. 내게 현출하는 그대 본연의 모습과 내 의식에 나타나는 그대는 같을까? 내가 서 있는 곳이 어디냐에 따라 풍경이 달라 보이듯이 대상이 내게 나타나는 것은 늘 관점적이다. 대상은 일정한 하나의 측면에서 음영이 진 채 나타나기에 내 관점과 분리 불가능하다. 이때 관점은 대상을 바라보는 태도라 할 터인데 태도에는 두 가지가 있다.

하나는 시간과 공간을 말할 때 뉴턴처럼 균질한 절대시간과 균등한 절대시간으로 바라보는 '자연적 태도'로 이는 우리의 경험과 지식이 하나의 잣대가 되어 사물을 바라보는 태도이다. 예컨대 권력과 명예와 사회적 지위를 얻으려고, 자본주의가 부추기는 부와 행복의 카테고리 안에 들어가기 위해 바동거리는 삶이 있다고 하자. 이 삶이 당연하게 여겨지는 것은 세상에 몰두해 있는 자연적 태도로 살기 때문이다.

다른 하나는 현상학적 태도다. 하나의 장소가 누구에게나 똑같이 느껴지는 것은 아니다. 누군가는 그 장소가 사랑이 시작된 곳이라 소중한 장소인가 하면 누군가는 이별의 장소여서 슬픈 장소가 되기도 한다. 이처럼 체험 그 자체를 순수하게 경험하고 그것을 규정하려는 태도가 현상학적 태도이다. 순수한 체험에는 선입견이나 기존의 지식이 끼어들 자리가 없이 괄호 쳐진다.

대상의 실재가 우리에게 어떻게 현상되는지는 자연적 태도를 피하고 실재의 현출 자체에 시선을 돌려야만 알 수 있다. 실재가 내게 주어지는 방식에 집중하는 것, 다시 말해 미리 주어진 독단적 판단과 태도에서 괄호를 치고 판단중지epoche하라고 후설은 제안한다.

롤랑 바르트라면 '영도', 프란시스 베이컨이라면 클리셰 없애기. 내 식으로 말해 본다면 쿨해지기다. 있는 그대로의 모습을 보고 싶은 우리,

그대와 나는 서로 쿨해지는 판단중지에 있다.

우리의 존재방식 – 열여섯 번째

그대와 나는 마음의 허그를 한다

우리의 존재방식

눈을 감으면,
그치지 않는 어둠 속에서
촘촘한 눈발이 마구 쏟아지던
기억이 스친다.
휘몰아치던 바람이
낙엽을 마구 쓸고 가던 들판,
적막한 고요가
유령처럼 맴돌던 새벽달 뜬 하늘,
작렬하는 햇빛 아래 누더기 같은 마음으로
거리를 방황하는 얼굴들이 스친다.

그곳은 적지다.

열여섯 번째 [그대와 나는 마음의 허그를 한다]
/ 마르틴 하이데거 Martin Heidegger의 대화

말라붙어 있는 적지의 땅을
한 발 한 발 내딛으면,
살얼음에 금이 가고 급기야는
산산조각 나버리듯이
땅은 먼지가 되어
금방이라도 바스러져 버릴 것 같다.
땅은 침묵으로 굳게 닫힌 입이며
우울을 잉태한 내장이다.

그 땅은
'존재의 가벼움'만이 지날 수 있는 곳이다.

우리의 존재방식

마음은 말의 집이라 했다.
마음에 쌓인 상상적인 것들이
상징적인 것(언어)으로 튀어나오지 않으면
말들의 중력과 말들의 압력 때문에
말에 짓눌려
마음은 블랙홀이 되고 만다.
상징적인 것으로 튀어나온 말을
나는 '수다'라고 부른다.

전종철 작, '천상의 메세지' 250A9509

우리의 존재방식

'수다'는
경계심과 무심함을 무장 해제시키는
강력한 힘을 가진 단어이면서
즐겁고 유쾌하고, 참 귀여운 단어다.
수다에 함께 하는 사람들은
생글거림과 발랄함으로 반짝반짝 빛난다.
여려지고 부드러워진다.
말랑말랑해지고 어려지고
차츰차츰 곡선이 되어 간다.

열여섯 번째 [그대와 나는 마음의 허그를 한다]
/ 마르틴 하이데거 Martin Heidegger의 대화

수다는 공감하면서 열광하고,
교감하면서 황홀해하며,
함께 손을 잡고 신나게 추는 원무다.
수다야말로 우리의 존재를 분절해서
가벼움으로 더욱 더 가벼움으로
사분거리며 너끈히
땅을 밟고 지날 수 있게 한다.
수다는 내게 존재의 가벼움과 등가다.

전종철 작, '천상의 메세지' 250A2788

열여섯 번째 [그대와 나는 마음의 허그를 한다]
/ 마르틴 하이데거 Martin Heidegger의 대화

몸을 동그랗게 말고
무릎을 가슴으로 끌어모으는 것은
나의 표면적을
최대한 작게 하기 위한 노력이다.
심장, 곧 마음과 모든 몸의 부분이
가장 가까운 거리를 만들려는 몸짓이다.
마음과 맞닿는 거리가 가까울수록
편안함을 느끼는 것은
태아적 엄마의 양수 속에서 전해오던
엄마의 심장소리에 대한 그리움이 아닐까?

우리의 존재방식

수다는
마음의 최단거리, 즉 마음의 허그다.
심장박동수의 일치다.
서로의 마음의 온도가
평형상태에 도달하는 구간이다.
서로의 마음이 교차되고 스며드는 공간이다.
수다는
아직 발견되지 않은 서로의 매력들이
마구 뿜어져 나오는 신비한
맥스웰의 에너지 장 field이다.

열여섯 번째 [그대와 나는 마음의 허그를 한다]
/ 마르틴 하이데거 Martin Heidegger의 대화

그곳에서는
우리의 악의와 증오, 광기, 분노, 불안, 고집,
편견 같은 물고 물어뜯는 이글거림이,
밝은 빛 가운데 어둠이 승화되어 버리듯
사라진다.
수다를 할 때면
어둠 속에서 앳된 해가 떠오르는 느낌이다.
벤치에 앉아
하늘이 천천히 닫혀가는 것을 바라보면서
끝없는 수다를 하늘로 보내면
수다는 수많은 별들이 된다.

우리의 존재방식

수다하면서 걷는 길은
수정 같은 빛 위로
낭랑한 소리의 파동이
점점 넓게 퍼져나가는 것 같고
빛을 받은 공기도
우리 주변에서 춤을 춘다.

저녁나절의 빛이 부드럽게 풀어져가고
물처럼 흘러내리듯이
우리를 묶고 조이는 구심점의 매듭도
천천히 풀려가고
우리는 존재의 가벼움으로 춤을 춘다.

열여섯 번째 [그대와 나는 마음의 허그를 한다]
/ 마르틴 하이데거 Martin Heidegger의 대화

적지의 땅에서 수다는

그대와 내가 서로를 쓰다듬는

마음의 허그다.

전종철 작, '천상의 메세지' 250A4829

16 / 그대와 나는 마음의 허그를 한다.

눈을 감으면, 그치지 않는 어둠 속에서 촘촘한 눈발이 마구 쏟아지던 기억이 스친다. 휘몰아치던 바람이 낙엽을 마구 쓸고 가던 들판, 적막한 고요가 유령처럼 맴돌던 새벽달 뜬 하늘, 작렬하는 햇빛 아래 누더기 같은 마음으로 거리를 방황하는 얼굴들이 스친다. 그곳은 적지다.

말라붙어 있는 적지의 땅을 한 발 한 발 내딛으면, 살얼음에 금이 가고 급기야는 산산조각 나버리듯이 땅은 먼지가 되어 금방이라도 바스러져 버릴 것 같다. 땅은 침묵으로 굳게 닫힌 입이며 우울을 잉태한 내장이다. 그 땅은 '존재의 가벼움'만이 지날 수 있는 곳이다.

마음은 말의 집이라 했다. 마음에 쌓인 상상적인 것들이 상징적인 것(언어)으로 튀어나오지 않으면 말들의 중력과 말들의 압력 때문에 말에 짓눌려 마음은 블랙홀이 되고 만다. 상징적인 것으로 튀어나온 말을 나는 '수다'라고 부른다.

'수다'는 경계심과 무심함을 무장 해제시키는 강력한 힘을 가진 단어이면서 즐겁고 유쾌하고, 참 귀여운 단어다. 수다에 함께 하는 사람들은 생글거림과 발랄함으로 반짝반짝 빛난다. 여려지고 부드러워진다. 말랑말랑해지고 어려지고 차츰차츰 곡선이 되어 간다.

수다는 공감하면서 열광하고, 교감하면서 황홀해하며, 함께 손을 잡고 신나게 추는 원무다. 수다야말로 우리의 존재를 분절해서 가벼움으로 더욱 더 가벼움으로 사분거리며 너끈히 땅을 밟고 지날 수 있게 한다. 수다는 내게 존재의 가벼움과 등가다.

몸을 동그랗게 말고 무릎을 가슴으로 끌어 모으는 것은 나의 표면적을 최대한 작게 하기 위한 노력이다. 심장, 곧 마음과 모든 몸의 부분이 가장 가까운 거리를 만들려는 몸짓이다. 마음과 맞닿는 거리가 가까울수록 편안함을 느끼는 것은 태아적 엄마의 양수 속에서 전해오던 엄마의 심장소리에 대한 그리움이 아닐까?

수다는 마음의 최단거리, 즉 마음의 허그다. 심장박동수의 일치다. 서로의 마음의 온도가 평형상태에 도달하는 구간이다. 서로의 마음이 교차되고 스며드는 공간이다. 수다는 아직 발견되지 않은 서로의 매력들이 마구 뿜어져 나오는 신비한 맥스웰의 에너지 장 field이다.

그곳에서는 우리의 악의와 증오, 광기, 분노, 불안, 고집, 편견 같은 물고 물어뜯는 이글거림이, 밝은 빛 가운데 어둠이 승화되어 버리듯 사라진다. 수다를 할 때면 어둠 속에서 앳된 해가 떠오르는 느낌이다. 벤치에 앉아 하늘이 천천히 닫혀가는 것을 바라보면서 끝없는 수다를 하늘로 보내면 수다는 수많은 별들이 된다.

수다하면서 걷는 길은 수정 같은 빛 위로 낭랑한 소리의 파동이 점점 넓게 퍼져나가는 것 같고 빛을 받은 공기도 우리 주변에서 춤을 춘다. 저녁나절의 빛이 부드럽게 풀어져가고 물처럼 흘러내리듯이 우리를 묶고 조이는 구심점의 매듭도 천천히 풀려가고 우리는 존재의 가벼움으로 춤을 춘다.

적지의 땅에서 수다는 그대와 내가 서로를 쓰다듬는 마음의 허그다.

우리의 존재방식 - 열일곱 번째

그대와 나는 편파적이다

우리의 존재방식

빨갛게 뒹구는 단풍은
가을이 흘린 빨간 피 같고
풍요의 여신이 따라 놓은 포도주 같다.
포도주의 붉은 색은
생명을 구성하는 진한 액체인
피를 상징한다.
바슐라르는
포도주에 대한 정신분석을 하면서
포도주는 태양과 땅의 즙이라 했다.
포도주는 갈증을 풀어주는
가장 효과적인 것이라 부연함으로써,
갈증은 포도주를 마시는 데
첫 번째 알리바이가 된다.

열일곱 번째 [그대와 나는 편파적이다]
/ 발터 벤야민 Walter Benjamin의 사랑학

포도주는
상황과 상태들을 바꿔놓을 수 있는
연금술사다.
대상으로부터
그 반대의 것을 추출할 수 있는데,
예컨대 약한 자를 강한 자로,
조용한 사람을 수다스러운 자로 만들며
사유의 획기성을 동반하기도 한다.

우리의 존재방식

말하자면 없던 것을 있게 하는,
무로부터 창조하는
철학적 능력이 있다는 얘기다.
이쯤 되면 누구라도
포도주를 마실 알리바이는 충분하다.

전종칠 작, '천상의 메세지' 250A1936

우리의 존재방식

그러나 포도주만이 연금술사는 아니다.
나에게 연금술사는 사랑이다.
햇살이 고운 늦가을,
나는 발터 벤야민에게서
연금술사의 시선을 느낀다.

열일곱 번째 [그대와 나는 편파적이다]
/ 발터 벤야민 Walter Benjamin의 사랑학

물기를 날린 노란 은행잎은
탈색되듯 희어진다.
나뭇잎의 갈색빛이 희어지면
누드톤 노랑으로 사그라들어
가을의 노랑은
힘이 빠져 있고 순해져 있다.
힘이 빠진 것들은
부드럽게 고부라진다.

고부라진 것들의 품 속에는
물기 흐르던 미소와
윤기나는 추억들이 말려 있다.
별같이 쏟아져 내린 낙엽들 가운데
예쁜 것 말고
벌레가 먹어 구멍이 뚫린
낙엽 하나를 주워 책갈피에 넣어 두었다.
보물처럼.

우리의 존재방식

사랑은 음陰으로의 디테일이다.
그 사람의 단점 때문에 걱정이 생기고,
그 단점 때문에
그 사람이 마음에 둥지를 틀게 되니 말이다.

열일곱 번째 [그대와 나는 편파적이다]
/ 발터 벤야민 Walter Benjamin의 사랑학

주근깨 난 뺨이어서,
눈가에 깊게 패인 주름 때문에 사랑한다는
발터 벤야민의 사랑학은
조금도 미사여구가 없어 담백하고 좋다.
가슴에 있는 큰 점 때문에,
눈에 거슬리는 뻐드렁니를 가진 너여서,
이러이러한 단점을 가진 너여서
사랑한다는 뉘앙스를 뿜는
벤야민의 말과 힘께
책갈피에 사랑 하나를 간직해 두었다.

별같이 쏟아져 내린 낙엽들 가운데
예쁜 것 말고
벌레가 먹어 구멍이 뚫린
낙엽 하나를 주워 책갈피에 넣어 두었다.
보물처럼.

전종철 작, '천상의 메세지' 250A7756

우리의 존재방식

벤야민의 생각을 따라 가보면

사랑은 편파적이다.
누가 보아도 괜찮아 보이고
예쁘고 좋아 보이고 아름다워서
사랑하는 것이 아니다.
오히려 눈에 거슬리는 상처,
볼품없어 보이는 걸음걸이 때문에
사랑하는 것이다.

반듯한 직선과 맨들거리는 표면과
원만하고 매끄러운 곡선이어서
사랑하는 것이 아니라
균열이 있고, 홈이 패이고 찌그러지고,
뾰족하고 울퉁불퉁한 것들이어서
사랑한다.

열일곱 번째 [그대와 나는 편파적이다]
/ 발터 벤야민 Walter Benjamin의 사랑학

사랑하고 있는 그대와 나,
우리의 사랑은 어떤 것일까?

누구나 다 마땅히 사랑할 만하다고
당연시 여기는 것들을 서로가 갖고 있어서
그래서 우린 사랑하는 것일까?

우리의 존재방식

별같이 많은 낙엽 중에서
벌레 먹은 나뭇잎 하나,
유독 내 눈에 들어와 내 손을 이끄는
단 하나의 나뭇잎을 향한 시선,
우린 그 시선으로
서로 사랑하는 것은 아닐까?

사랑의 시선은 편파적이다.

사랑하고 있는 우리,
그대와 나는 편파적이다.

전종철 작, '천상의 메세지' 250A4793

17 / 그대와 나는 편파적이다.

빨갛게 뒹구는 단풍은 가을이 흘린 빨간 피 같고 풍요의 여신이 따라 놓은 포도주 같다. 포도주의 붉은 색은 생명을 구성하는 진한 액체인 피를 상징한다. 바슐라르는 포도주에 대한 정신분석을 하면서 포도주는 태양과 땅의 즙이라 했다. 포도주는 갈증을 풀어주는 가장 효과적인 것이라 부연함으로써, 갈증은 포도주를 마시는 데 첫 번째 알리바이가 된다.

포도주는 상황과 상태들을 바꿔놓을 수 있는 연금술사다. 대상으로부터 그 반대의 것을 추출할 수 있는데, 예컨대 약한 자를 강한 자로, 조용한 사람을 수다스러운 자로 만들며 사유의 획기성을 동반하기도 한다. 말하자면 없던 것을 있게 하는, 무로부터 창조하는 철학적 능력이 있다는 얘기다. 이쯤 되면 누구라도 포도주를 마실 알리바이는 충분하다.

그러나 포도주만이 연금술사는 아니다. 나에게 연금술사는 사랑이다. 햇살이 고운 늦가을, 나는 발터 벤야민에게서 연금술사의 시선을 느낀다. 물기를 날린 노란 은행잎은 탈색되듯 희어진다. 나뭇잎의 갈색빛이 희어지면 누드톤 노랑으로 사그라들어 가을의 노랑은 힘이 빠져 있고 순해져 있다. 힘이 빠진 것들은 부드럽게 고부라진다. 고부라진 것들의 품속에는 물기 흐르던 미소와 윤기나는 추억들이 말려 있다. 별같이 쏟아져 내린 낙엽들 가운데 예쁜 것 말고 벌레가 먹어 구멍이 뚫린 낙엽 하나를 주워 책갈피에 넣어 두었다. 보물처럼.

사랑은 음陰으로의 디테일이다. 그 사람의 단점 때문에 걱정이 생기고, 그 단점 때문에 그 사람이 마음에 둥지를 틀게 되니 말이다. 주근깨 난 뺨이어서, 눈가에 깊게 패인 주름 때문에 사랑한다는 발터 벤야민의 사랑학은 조금도 미사여구가 없어 담백하고 좋다. 가슴에 있는 큰 점 때문에, 눈에 거슬리는 뻐드렁니를 가진 너여서, 이러이러한 단점을 가진 너여서 사랑한다는 뉘앙스를 뿜는 벤야민의 말과 함께 책갈피에 사랑 하나를 간직해 두었다.

벤야민의 생각을 따라 가보면 사랑은 편파적이다. 누가 보아도 괜찮아 보이고 예쁘고 좋아 보이고 아름다워서 사랑하는 것이 아니다. 오히려 눈에 거슬리는 상처, 볼품없어 보이는 걸음걸이 때문에 사랑하는 것이다. 반듯한 직선과 맨들거리는 표면과 원만하고 매끄러운 곡선이어서 사랑하는 것이 아니라 균열이 있고, 홈이 패이고 찌그러지고, 뾰족하고 울퉁불퉁한 것들이어서 사랑한다.

사랑하고 있는 그대와 나, 우리의 사랑은 어떤 것일까? 누구나 다 마땅히 사랑할 만하다고 당연히 여기는 것들을 서로가 갖고 있어서 그래서 우린 사랑하는 것일까? 별 같이 많은 낙엽 중에서 벌레 먹은 나뭇잎 하나, 유독 내 눈에 들어와 내 손을 이끄는 단 하나의 나뭇잎을 향한 시선, 우린 그 시선으로 서로 사랑하는 것은 아닐까?

사랑의 시선은 편파적이다.

사랑 하고 있는 우리,
그대와 나는 편파적이다.

그대는 다만 심장에 있는 나의 태양이다.

전종철 작, '천상의 메세지' 250A2117

에필로그

<미진과 극진 사이에서 우리의 존재방식을 묻다.>

불면의 밤, 내 의식은 쌀랑거리는 문창이 된다.

하염없이 잠을 불러보지만 그럴수록 잠은 검은 하늘을 도피처 삼고서 별들마저 재우느라 내겐 몇 날이 지나도 닿지 않다. 레비나스는 불면을 '침입해 들어오는 피할 수 없는 존재의 이명적 소음을 분쇄하지 못하는 불기능성'이라고 규정한다. 내 불면은 나줏손(저녁 무렵)의 노을 진 하늘에서 하루라는 시간의 종말을 알리며 한숨 짓는 소음을 분쇄하지 못한 데서 발원한 것이리라. 미진과 극진 '사이'에서 진동하고 있는 존재의 버거움이, 존재의 혼란이 신음하는 것이리라. 내게 불면은 출몰하는 존재의 마당이다.

사이의 존재에게 불면은 실존의 좌표를 보여주는 지도다. 어디쯤에서 어떻게 존재하고 있는지 우린 불면의 시공간에서 모래알 허물어지는 소리로, 몸 밖을 떠도는 영혼의 소리로 만나게 된다. 나는 그렇게 불면이 들려주는 우리의 존재 방식을 받아 적었다.

사랑은 우리의 존재 방식이다.

사는 일이 곧 사랑하는 일이다. 살아있는 생명에게 사랑은 나목들이 봄의 움을 틔우는 일처럼 자연스럽고 내리는 비처럼 숨길 수도 없거니와 막을 수도 없다. 사랑의 양태는 저마다 다를지라도 사랑의 속성은 무엇인가를 낳고 저절로 비어져 나와 버리는 것이다. 흙에 뿌린 씨앗은 새싹으로, 이파리로, 꽃으로, 열매로 사랑을 드러내고, 나는 얼굴의 표정과 몸짓과 행동으로 언어를 매개로 사랑을 표현한다. 그러나 사랑은 표현되지 않고 미끄러져 나와 다른 곳에서 손짓하는 신기루다. 사랑은 산발적인 낱개의 꽃송이이면서 적설량처럼 강우량으로 표현된 모든 것들의 총화이다. 아직 합산되지 않은 사랑의 낱송이를 모으기 위해 나는 여러 날 존재의 익명적 소음을 분쇄하지 못하는 불면의 밤에 고랑을 내고 있을 것이다.

그대와 나는 불면이라는 존재의 마당에서 삶의 텃밭을 일구는 농부들이다.

\<Masse와 Ich의 관점에서 본 '그대와 나 그리고 우리의 존재방식'에 관한 미학(감각학) 에세이\>

_**강응섭** / 예명대학원대학교 리더십학, 정신분석상담학 교수

백우인의 『우리의 존재방식』은 '그대와 나, 우리' 또는 'Masse와 Ich'의 존재방식을 다룬 미학(감각학, Ästhetik) 에세이다.

지그문트 프로이트는 1912년부터 『이마고(Imago)』에 Masse와 Ich의 관계를 다루는 글 네 편을 연재한다. 이 글을 묶은 『토템과 타부(Totem und Taboo)』(1913년)는 개인의 심리학적 성격으로서 트라우마와 군중의 심리학적 성격으로서 트라우마가 어떤 관계인지를 조명한다. 1921년에 이르러서는 『대중심리학과 자아분석(Massenpsychologie und Ich-Analyse)』에 Masse와 Ich의 관계를 종국적으로 표명한다.

편집자 주: < >는 저자의 말, ' '은 서평자의 말, << > < >>은 저자의 문장을 서평자가 줄인 표시이다.

Masse-Ich의 관계는 유대교의 최고 규율이자 기독교의 최고 규율인 '너의 이웃을 너의 몸처럼 사랑하라'에서 비롯된다. 프로이트는 이 규율을 중심으로 Masse와 Ich가 어떻게 작용하는지 그 기제를 제시한다. 이 글은 열 두 개의 장으로 구성된 다소 짧은 분량의 글임에도 Masse와 Ich의 관계를 다룬 세기의 역작으로 손꼽힌다.

마틴 부버가 『나와 너(Ich und Du)』(1923년)에서 Masse의 자리에 'Du'(너, 당신)를, 루스 이리가레가 『나, 너, 우리(Je, tu, nous)』(1990년)에서 Masse의 자리에 'Tu, Nous'(너/당신, 우리)를 두고 논의했다면, 백우인은 Masse의 자리에 '그대'를 두고 풀어간다.

독일어 Masse를 한국어로 어떻게 번역할지, 프랑스어 Tu를 한국어로 어떻게 번역할지 고심하는 것은 이 책을 읽는 사람이 당면하는 과제이다. Masse를 집단으로 번역하면 리비도의 gemeinde(공동체) 성격이 약해지고, Tu를 '너'라고 번역하면 친근함은 담지해도 위엄이 약화된다. 백우인은 Masse의 자리에 '그대'를 두고 『우리의 존재방식』을 전개한다.

저자의 주장대로 <우리의 존재방식>은 어떻게 '그대와 나의 존재방식'일까? '우리'가 그대로서의 나와 그대로서의 나의 합이라고 하면, 이 합은 <이것>, <즉자존재>이다. '우리'가 나와 나의 합이라면 이 합은 <대자존재>이다. 결국 그대와 나의 합이 '우리'라면 <마주침>이 생성된다. 나와 그대의 <마주침> 사이에는 '미끄럼틀'이 있다.

책의 앞부분에서 저자는 나와 그대를 이어주는 미끄럼틀은 나에게서 시작하여도 그대에게로 이어지지 않는다고 말한다. 그대에게서 시작하여도 나에게로 이르지 않는다고 말한다. 그래서 미끄럼의 끝은 <어긋>남이고 <멀어지>임이고 <희미해>짐이고 <오해>이다. 에코와 에로스의 존재방식은 공기의 미끄러짐, 좁혀지지 않는 메아리의 간격이다. 이것은 <짝사랑>, <죽는 날까지 영혼에 침전된 첫사랑>, <사랑하는 이의 영혼이 사랑받는 이의 영혼 속에서 죽는 것>, <<라캉의> 귀전에 맴도는 <귓속말>>이다.

책의 가운데 부분에 가서 저자는 나와 그대를 이으려는 적극적인 모습을 보인다. 그 모습은 '나와 그대'라는 용어에서 '우리'라는 호칭으로의 변화이다. 저자는 '우리'를 일컬어서 심장에 작은 점으로 박힌 <사랑의 대상>, 즉 <푼크툼 punctum>의 합, 뾰족한 대상에 심장이 찔리고 뇌에 구멍이 나서 생긴 <트라우마>의 합, 트라우마에서 용솟는 <주이상스>의 합이라고 말한다. '우리'가 예리하고 날카롭고 용솟음치는 대상들의 합임에도 <마음의 껍데기를 뚫고 알맹이까지 거슬러 올라갈 수 없다>는 저자의 말은 나약한 인간을 보여준다.

저자가 보는 '그대論'은 <신비한 기호>論이다. 읽히는 텍스트가 아니라 만져지고 들이마셔지는 <마티에르 matière>, 곧 '기호의 형식', 시니피앙으로서의 '그대'이다. '그대'는 시니피앙에 또 시니피앙을 덧입힌 두터운 <임파스토 impasto)>, 부재한 것이 <<차곡차곡>> 쌓인 <임파스토>>이다. 회화 용어인 <임파스토>는 '임파스(impasse, 교착상태, 진퇴양란)'의 그대를 보여준다. 저자는 깊은 고뇌의 고백을 한다. <그대 앞에서 우리가 어떻게 해석되고 있는지 정말 모르겠다>. 특히 <사랑하면 할수록> 그렇다. 지혜는 이 순간에 떠오른다. <이 사실을 빨리 깨달을수록 우리는 지혜로워진다.> 지혜는 <사랑의 애매성>을 깨달음에서 시작된다.

이 깨달음은 <순간>을 연다. 나와 그대가 마주하는 공간에는 <순간>이 있지만 나와 그대가 마주하기 전의 <순간>으로 돌아갈 수 없다. <동일성>은 없다. 하나의 <순간>과 하나의 <순간>과 하나의 <순간>이 있다. <<동일성>은 <순간의 다발>>이다. <의미>는 <순간의 다발>들이 회귀하면서 생긴다. <순간은 영원히 회귀한다>. 마치 첫사랑이 다시 돌아오듯이. 돌아온 첫사랑은 <니체의 초인>을 만든다. 나와 그대가 우리가 되는 과정에서 맞는 <순간>은 우리의 정체를 막고 나, 그대, 우리의 존재들을 향해 열어둔다.

열림은 곧 시선 속에서의 열림이다. 시선 속에서 <그대(타자)는 나의 지옥>, 나와 그대의 관계는 <시선의 투쟁>이다. 이런 갈등 관계 속에서 <나에게 타자는 죽이고 싶은 유일한 존재>이다. <인간은 인간에 대하여 늑대>라는 말이다. 레비나스의 무시무시한 선언이 보여주듯 열림은 결코 낭만적이지 않다. 반면에 <카뮈에게 인간은 인간에 대해 신이며 타자는 어쩌면 낙원>이다. 타자에 대한 상반된 주장은 니와 우리에게 그내가 누구인지 다시금 질문하게 한다. 카뮈의 주장처럼 <타자는 나와 화해 가능하고 협력 가능한 존재, 즉 공존과 상생이 가능한 존재>인데, 이 가능성은 <우리를 이루는 구성원 모두가 반항에 참여해야 한다>는 전제를 요청한다. 이 전제가 이루지면 우리의 <사회는 적지에서 왕국으로 변화>하게 될까?

저자는 단호하게 반문한다. <그러나 '우리' 관계만큼 배타적인 것이 또 있을까?> <구성원들은 그들만의 믿음과 습관과 관행에 따라 뫼르소를 그들이 사는 사회의 부적격자로 표지를 입

혀 배척하지 않았던가?> 저자는 우리의 공존과 상생을 위해 반항을 실천한다. 이런 실천이 우리 관계에 있을 때, 공존은 둥지를 튼다. 공존의 모습은 <스푸마토sfumato 기법>처럼 <의도적으로 애매모호>하다. 공존은 <그대와 내가, 너와 내가 뒤섞여 들어가 흐릿해진 경계>에 있다. <그 경계에서 무한한 상상력의 지대가 열리며 마주보는 시선과 시선이 부드러워진다. 그곳은 비무장지대이며 대화의 장이다.> 공존은 <and>의 자리이다. <관념의 모험이 시작되는 곳, 'and'가 있는 곳, 우리들의 사유가 중첩되는 곳>이다. 저자는 그대와 나는 <그곳에 서 있기로 하자>고 말한다.

그곳에는 기쁨과 슬픔이 있다. 스피노자의 말처럼 <기쁨은 선이고 슬픔은 악>이다. 그대와 '나'가 만나는 곳에서 선과 악이 충돌하고, <<코나투스>는 <줄어>>든다. 슬픔은 그대와 나를 '나태'의 범주로 몬다. <우울의 색조 즉 검은 담즙의 멜랑꼴리>는 나와 그대, 우리를 여의게 한다. 나태와 무기력은 <욕망의 타락>이다. <슬픔과 절망의 멜랑꼴리>는 그대와 나, 우리를 오그라들게 하기도 하지만 <<예술가적 기질>의 <마그마>>가 된다. 프로이트가 Masse와 Ich의 관계를 리비도 이론에서 전개했듯이 저자도 기쁨과 슬픔을 쾌와 불쾌, 한과 흥, 나와 그대 그리고 우리의 범주에서 다룬다.

리비도 경험은 반복된다. 우리가 <똑같은 3시를 경험할 수는 없듯이> 이 반복을 통해 <코나투스>가 늘어나기도 줄어들기도 한다. <반복은 언제나 차이를 생성하고 있다>. 지금도 <우리는 차이를 생성하는 과정 중에 있으며 그 차이들이 '나'다>. 차이들의 나와 차이들의 그대는 <경계>, <문지방>에 서서 탈주를 시도한다. 탈주가 용이하도록 <기관없는 신체>가 된다. <기관없는 신체>는 기표로 명명된다. 명명된 기표는 <기관없는 신체>와 동일성을 이루지 못한다. 명명된 <페르소나>로서의 나, 그대, 우리는 <한쪽 어깨가 베어진 달처럼> 거세된다. 거세는 무의식에 각인되어 Autre (그랑 오트르, 큰 타자, 대 타자)가 된다. 그래서 무의식/Autre는 <그림자로 존재하는 결핍된 주체들의 거주지>이다. 이 거주지에는 <결핍된 수체>, <상처받고 결함이 있는 주체>의 <증상이나 꿈>이 살고 있다. 결핍의 자리인 무의식/Autre은 <공백에 드리워진 하나의 빛 우물이다>.

나와 그대 사이에는 <의식, 마음>이 있다. 의식은 <<대상을 향해> <더듬이를 뻗는 자동유도장치>>이다. 나와 그대, 우리는 <<의식의> <지향성>>(指向性, intention)이다. <내 의식이 그대에게 가 닿지 않는다면 그대는 없다. 내 의식이 그대에게 뻗어 나가야 그대는 존재한다>. <마음길이 향하는 곳은 어

디든 의식이 마중을 나>간다. 나는 <내 지향성이 맞닿는 곳까지>이다. 그렇기에 나의 테두리는 넓고 깊고 광활하다. <우리는 주어진 몸에 국한된 존재가 아니다. 그대와 나, 우리는 초월하는 존재다>. 초월적 존재는 '상상적' 존재이다. 그래서 저자는 질문한다. <내게 현출하는 그대 본연의 모습과 내 의식에 나타나는 그대는 같을까?> 그 답은 늘 둘이다. 하나는 자연적 태도, 또 하나는 현상학적 태도이다. 전자는 <뉴턴처럼 균질한 절대시간과 균등한 절대시간으로 바라보>는 것이고, 후자는 <실재의 현출 자체에 시선을 돌>리는 것이다. 곧 <판단중지epoche>하는 것이다. 저자는 <쿨해지기>라고 말한다. 쿨해지기는 <마음에 쌓인 상상적인 것들이 상징적인 것(언어)으로 튀어나오>는 것이다. 그렇게 하지 않으면 <말에 짓눌려 마음은 블랙홀이 되고 만다>. 쿨해지기는 <<수다>, <그대와 내가 서로를 쓰다듬는 마음의 허그>>이다.

사랑은 반대급부의 존재방식이다. <그 사람의 단점 때문에 걱정이 생기고, 그 단점 때문에 그 사람이 마음에 둥지를 틀게 되니 말이다>. 나, 그대, 우리의 사랑은 불쾌의 리비도로 엮인다. 쾌가 '양陽으로의 디테일'이라면, 불쾌는 <음陰으로의 디테일이다>. <<벤야민의 사랑학은> <주근깨 난 뺨이어서, 눈가에 깊게 패인 주름 때문에 사랑한다>>로 드러난다. 프로이트가 죽음충동과 생명충동을 말하듯, <음陰으로의 디테일>과 '양陽으로의 디테일'은 나, 그대, 우리의 존재를 보는 방식이다.

저자는 책을 마무리하면서 묻는다. <사랑하고 있는 그대와 나, 우리의 사랑은 어떤 것일까?> 그리고 답한다. <사랑은 편파적이다>. 사랑이 편파적인 이유는 그 시선 때문이다. 제 눈에 안경이라는 말이다. 각자가 제 눈을 가지고 있지만 자기 눈에 들보가 있음을 모른다는 말이다. 무성한 나뭇잎으로 가득 찬 나무를 안 보는 눈, <단 하나의 나뭇잎을 향한 시선>, 이 시선은 편파적이다. <우린 그 시선으로 서로 사랑하는 것은 아닐까?>

글을 마치면서 저자는 말한다. <사랑의 시선은 편파적이다>. <사랑하고 있는 우리, 그대와 나는 편파적이다>. 이 선언은 <우리의 존재방식>을 '그대와 나, 우리'의 호칭으로 논한 Masse와 Ich에 대한 저자의 미학적 질문이자 현상학과 그 이면에서 길어올린 정신분석적 답변이다.